JN409404

박부토김

바람의 마음

단편소설
천년고 사랑

변덕스러운 그님의 마음처럼
변하는 것이
바람의 마음인가!

| 작가의 말 |

바람의 마음을 출판하면서

인생은 바람이 있어서 좋은 것 같다.

무엇인지 답답함을 느끼면 차를 타고 나가 자연이 좋은 곳을 찾아가서 차창을 열고 창밖에서 들어오는 강한 바람을 맞으면서 달릴 때가 있다.

밀려오는 바람을 맞고 가다보면 스쳐가는 바람이 나의 답답한 모든 것을 몰고 가는 것 같다.

살다 보면 답답한 일이 한두 가지 인가?

간혹 답답함을 바람에 통해 날려 버릴 수 있음을 감사한다.

바람이 있어 나의 답답함을 날려 버릴 수 있듯이 나의 주변에 나 또한 어떠한 사람들에게 가슴속의 답답한 무엇인가를 날려 버릴 바람이 될 수 있을까를 생각해본다.

등산에서 느낄 수 있는 가슴까지 시원하게 해줄 바람이 될까?

무더운 여름에 숨까지 멈추게 하는 기쁨을 주는 열풍은?

추운 겨울에 모든것을 얼려 버리는 삭풍!

봄에 모든 만물을 소생시키는 춘풍!

어떤 바람이던 인생은 자신들 만의 바람이 있다고 본다.

지나가는 나그네의 옷을 벗기자는 내기를 한 바람과 해가 겨루어서 거센 바람을 불었던 바람은 나그네의 옷을 벗기지 못했고, 결국은 부드러운 따뜻함을 보낸 햇볕이 나그네의 옷을 벗기듯이 사람의 미음의 무장을 풀게하는 부드러운 햇볕처럼 솜털같은 부드러움으로 많은 사람을 편하게 해주는 부드러움을 갖춘 바람으로 시원한 산들바람처럼, 생명의 환희를 노래하는 봄날의 훈훈한 바람처럼, 그렇게 살다가 가려면 어떻게 살아야 하나를 생각해 본다.

어느 바람이 되느냐는 나의 마음의 방향이 아닌가 싶다.
결국 나의 바람은 나의 마음이다.
항상 부는 바람처럼 항상 흔들리는 마음,
나의 마음은 흔들리는 바람의 마음이다.
누군가의 가슴에 잊지 못할
시원하면서도 부드러운 바랍으로 남고싶다.

2014년 6월의 시원한 바람 부는 날에

박부도김

바람의 마음

박부도김 지음

발행처 | 도서출판 국보
발행인 | 임수홍
편　집 | 박미영
디자인 | 맹신형

인쇄 2014년 6월 26일
발행 2014년 6월 30일

주　소 | 서울시 강동구 양재대로114길 32 2층
전　화 | 02-476-2757 / 476-7260
팩　스 | 02-476-2759
이메일 | kbmh11@hanmail.net
홈페이지 | http://cafe.daum.net/lsh19577

값 12,000원
ISBN 978-89-93533-77-4

「이 도서의 국립중앙도서관 출판예정도서목록(CIP)은 서지정보유통지원시스템 홈페이지(http://seoji.nl.go.kr)와 국가자료공동목록시스템(http://www.nl.go.kr/kolisnet)에서 이용하실 수 있습니다.(CIP제어번호: CIP2014018891)」

Contents

1장 사노라니 나에게 묻는다

Contents

2장 긴 호흡과 짧은 호흡

Contents

3장 나도 나무가 되어

Contents

4장 무덤덤히 산다는 것

Contents

5장 시간속의 마음

Contents

6장 욕심이 적으면

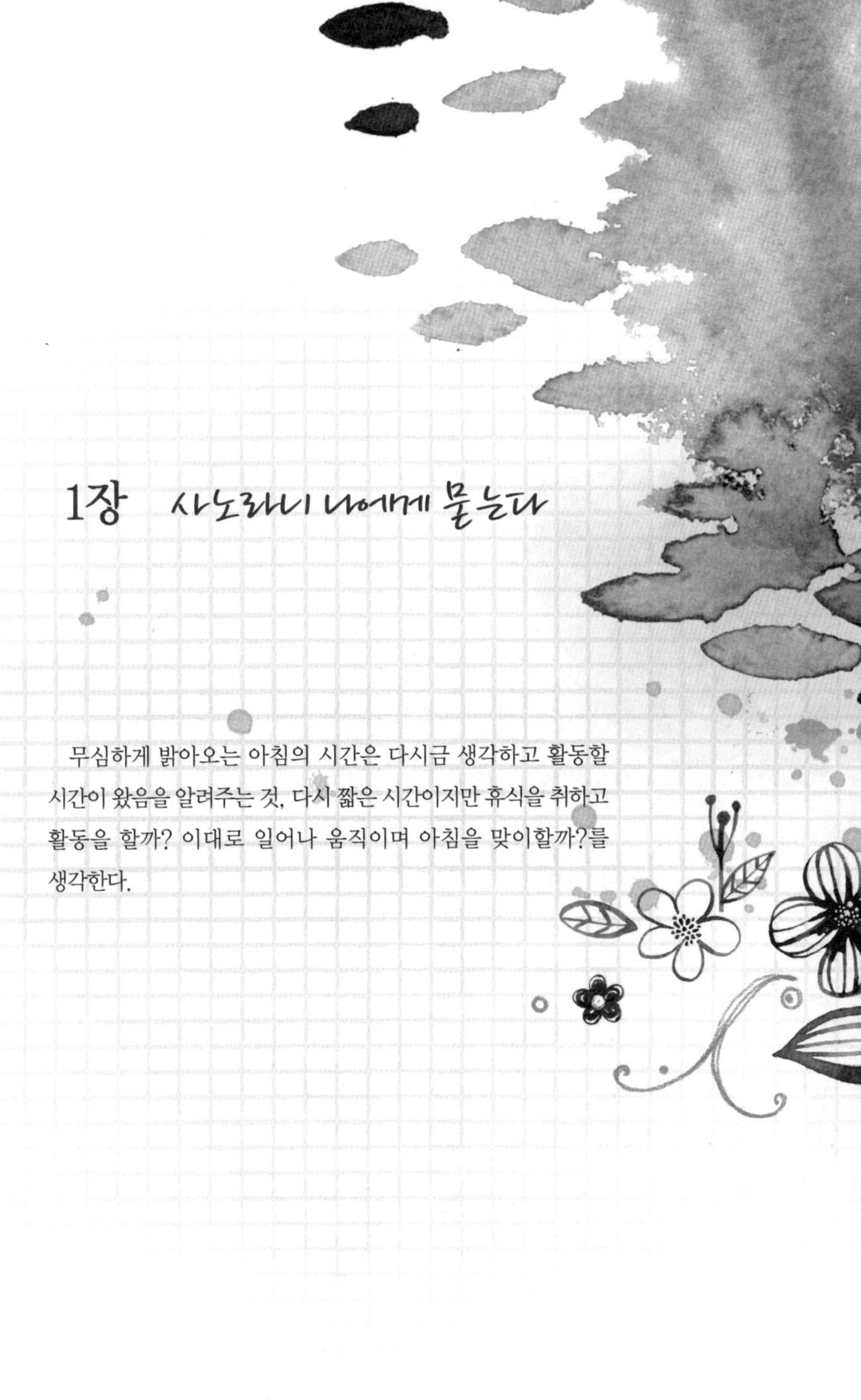

1장 사노라니 나에게 묻는다

무심하게 밝아오는 아침의 시간은 다시금 생각하고 활동할 시간이 왔음을 알려주는 것, 다시 짧은 시간이지만 휴식을 취하고 활동을 할까? 이대로 일어나 움직이며 아침을 맞이할까?를 생각한다.

그래도 커피

커피를 좋아해서 하루에 5잔 이상 마시다 심한 변비로 고생을 해 되도록 커피를 마시지 않겠다고 스스로 다짐을 해 놓고 며칠이 되지 않아 그 부드럽고 구수하고 쌉살한 맛이 그리워 다시 커피 전문점을 찾았다.

카페모카를 사서 일단은 부드러운 크림을 맛보고 커피의 향을 음미해 본다.

참으로 그리운 맛이다.

이 기분은 예전에 '너 같은 여자는 절대 보지 않겠다!' 하고 절교를 선언해 놓고 며칠이 지나 잊지 못하는 미련 때문에 그녀의 집을 비 맞은 처량한 강아지처럼 낑낑되며 집주변을 돌았던, 전화도 자존심 때문에 다시 만나자 하지도 못하고 바보처럼 그녀의 집을 한동안 맴돌았던 멍청했던 젊은 날의 나처럼…….

커피를 앞에 놓고 그 향에 즐거웠다.

아름다운 장미에 가시가 있듯

손쉽게 좋은 것에는 문제가 조금씩 있다.

어차피 한번 왔다 가는 편도인 시간의 인생 삶속에서

오십을 살았던, 백이십을 살던 죽음의 그 순간에는

누구나 삶의 시간이 잠시 스쳐 지나가는 불어오는 봄바람 같은 순간이 라고 느낄 것인데…….

이 부드러운 맛을 마음껏 누릴수 없음은 우리의 한계가 아닐까?

인생의 모든 것은 적당한 절제가 있음을 적당하게 즐겨야 하는 모든 것에서 느낀다.

그러나 이 시간에 커피를 한잔 마시며 느끼는 행복의 시간도 나의 삶의 소중한 시간 중에서 결코 적지 않은 행복 중 하나라 느끼며, 그 맛과 향에 취해 가슴의 뿌듯함을 느껴 본다.

행복한 좋은 시간이다.

새로운 나의 가족이 된 똑순이

아는 분이 나에게 태어난 지 두 달이 된다는 강아지를 가지고 왔다.

이 강아지는 내가 일 년 전에 준 개의 딸이란다. 강아지는 묘하게도 데려다 하루를 재워도 전혀 불편함이 없는가? '낑 낑' 되는 소리 하나 없이 다른 개하고 잘 어울린다. 이곳에 있는 개에게 다가가 꼬리를 치고 애교를 떠니 다른 개들이 반기는 것 같다.

이 강아지는 앞으로 농장의 지킴이 역할과 많은 후손을 퍼트릴 것 같은 예감이 들어 이름을 '똑순이'라 부르기로 하고, 똑순이에게 간단하게 농장의 이곳저곳을 소개하기로 하고 아직 작고 어리기에 안아서 농장 안의 작은 동산에 데려갔다.

똑순이의 눈동자와 작고 귀여운 모습을 보니 사랑스럽고 귀여운 마음이 들어 기뻐서 말했다.

"똑순아, 이곳에서 놀고 뛰고 자라는 좋은 모습을 보여라. 이곳은 너의 집이자, 천국이니 이 주인과 좋은 인연으로 가자. 귀여운 똑순아. 하하하"

강아지는 순진한 모습으로 나를 조용히 바라본다. 내가 사랑할 수 있는 좋은 가족이 하나 늘었다.

가을에 나에게 온 똑순이를 열렬히 환영한다.

가을바람

가을의 바람이 세차게 부는 날 강가에 갔다.

바람이 부는 날의 강가는 잊힌 애인이 없는 사람이라도 옛 연인을 생각나게 하는 묘한 흐름이 있다.

흐르는 물은 가을의 쓸쓸함을 깊게 넣고 부는 바람에 물결을 치면서 단풍에 물든 억새 바람에 흔들리는 강가를 무심히 흐른다.

봄이라 이별이 없고 여름의 이별은 즐거움이겠냐 마는 얼어붙은

추위 속의 이별보다는 하늘은 푸르고 단풍이 곱게 물들어 산이 불타는 어느 날의 떨어지는 낙엽의 쓸쓸함에 부는 바람의 선뜻한 차가움에 흘리는 이별의 눈물이 그 농도도 짙어 짠맛도 강하리라.

보내는 사람도…….

가는 사람도…….

부지런히 가느라 흘리는 땀도

보내는 가슴 아파서 흘리는 땀도

춥지도 덥지도 않게 부는 가을의 바람에 식힐 수 있으니…….

가을은 이별의 계절인가? 흐르는 물과 바람에 날리는 억새를 보면서 하늘의 푸름과 빨갛게 익어가는 감을 보며 가을의 바람에 너무나 익숙하게 젖어있던 가슴속의 무엇인가를 날려 보낸다.

세월의 빠름

치과에 갔다. 간단히 치료를 끝내고 다음의 치료 날짜를 잡기 위해 접수대의 아가씨에게 몇 가지를 물어보는데 그 아가씨가 나에게 말한다.

"아버님, 다음 주 중에 무슨 요일로 예약해 드릴까요?" 아주 자연스럽게 말을 한다. 순간 나는 묘하게 세월의 무상함을 느꼈다.

많은 사람을 접하는 아가씨가 나를 보고 자연스럽게 "아버님!" 이라고 하다니……. 이제는 내가 자연스럽게 나의 자식이 아닌

일반인인 2~30대의 아가씨에게 아버지라고 불릴 정도의 세월의 시간을 보낸 사람인가 싶어서 당혹도 하고, 내가 그런 중년의 인물인가 싶어 좀 먼 거울에 살짝 나를 비추어 보았다.

어제까지만 해도 영원한 젊음을 누릴 것 같은 호기와 패기 로 때로는 만용다운 고집으로 세월을 보냈고, 아직 나 자신이 할일도 많이 있고 인간적으로도 아직도 수양이 덜 된 부분도 많은데, 누가 보아도 좋은 세월을 보낸 가을날의 낙엽 같은 나인가 싶어 애꿎은 가을의 하늘만 쳐다보았다.

다시는 올 수 없는 젊음의 시간을 보냈지만…….

무모하게 불태울 젊음의 시간은 갔지만은…….

그 옛날 보다는 남은 시간의 소중함을 더 알기에 지금까지 보다는 더 진지하게 사물을 볼 수 있고, 지금까지 보다는 더 상대를 진실로 사랑할 수 있고, 나의 삶의 모든 부분을 가슴 깊이 생각하고 살 수 있지 않을까? 하는 생각을 해보며 앞으로 나에게 올 새로운 시간의 흐름을 구상도 하고, 좀 더 깊이가 있는 인간으로 주변을 보고 주위에 무엇인가를 줄 수 있을까? 늘 그려보면서 쓴웃음을 지며 운전대를 잡고 거리로 나서지만, '세월의 무상함'을 진하게 느낀 시간이었다.

"세월은 왜 이리 빠르게 가나?"

박부도김=풍족한 사나이

지인들을 농장에 초대, 한잔하려고 기다리는 나의 하루의 생활 중에 즐거운 시간이다. 많은 이야기를 할 수 있고, 서로의 뜻이 다르더라도 적당한 선에서 멈출 줄도 아는 그리고 마시는 한잔의 즐거움도 나눌 수 있는 사람들과 농 장에서 한잔하려고 준비하고 있다.

인생의 시간 속에서 모든 것이 아쉽고 미련이 남고 소중한 시간의 흐름이겠지만, 평소에 인생은 '인연과 마음이 인생 전부다'라는 생각을 하고 사는 나는 지인들을 불러 자연도 좋고, 공기도 좋고, 물도 좋은 이곳에서 마음껏 마시고 이야기를 할 수 있는 공간과 시간을 사랑한다.

이곳의 자연과 맑은 공기 그리고 산들거리는 바람 멋지게 밤하늘을 그리는 눈썹달의 아름다움과 빛나는 별들 속에서 술과 안주 그리고 자유로운 공간에서 그들의 이야기를 충분히 듣고 나의 웃음을 마음껏 줄 수 있기에 좋다.

공짜 술이 좋지만, 공짜 술보다는 사주는 술이 더 맛있음을 알고 인생은 받는 것 보다는 남에게 주는 것이 기분 좋은 인생이라는 것을 늦게나마 깨달았기에 그들과 같이하는 시간을 즐겁기에 즐긴다.

많이 갖고 있기에 줄 수 있다는 것은 아니라 본다.

인간은 자신이 만족할 정도의 물질이나 정신의 만족은 사람에 따라 다르고, 그 만족의 척도도 다르기에 일단은 무엇이든지 줄 수 있는 사람이 큰 사람이라 본다. 우리는 주변에 무엇이든지 줄 수 있다.

꽃에는 물을 줄 수 있고, 하늘을 보고 즐거워할 수 있고, 부는 바람을 고마워할 수 있고, 낮은 밝기에 밤은 어둡기에 감사할 수 있는 많은 것들. 비행기와 차는 나를 빠르게 이동시킬 수 있고 기차의 빠른 편리성에 대한 고마움. 그리고 법을 집행하는 행정력이나 검찰·경찰력도 어떻게 보면, 나의 적도 나를 더 분발하게 하고 나를 배반한 인물이 있기에 다음에는 그런 일이 없도록 많을 수 있기에 좋고, 내가 부양할 사람이 많음은 능력을 키울 수 있는 기회이기에 좋다.

작은 도전을 앞에 두고

'작은 도전' 작지만 새로운 도전의 시간이다. 작은 새로운 벽을 깨고 나아가기 위해 마음의 각오를 다진다.

밤에 천장을 보며 누워서 몇 가지 생각에 뒤척인다. 앞으로의 시련, 남들이 이야기하는 큰 산을 등정하거나 운명을 걸 정도의 큰 도전은 아니고 겨우 어떤 껍질을 하나 깰 정도의 작은 도전이라도 도전은 한편으로는 힘들고 괴로울 수도 있기에 많은 계획이 머릿속에 맴돈다.

어려운 경기 때문에 대부분 사람들이 어렵다고 하는 이 마당에 역으로 물결을 치고 올라가야 하는데 되도록 실수를 하지 말아야 생존을 할 수 있기에 우선 조심할 부분이나 자금의 흐름을 어떡할까? 하는 생각과 작은 인원이라도 우리의 업에 맞는 직원의 선택과 인연이 앞으로 업의 승패가 8~90%로 달려 있기에 좋은 직원의 만남과 그를 체계적으로 나름대로 합리적인 교육을 통해 그와 나에게 도움이 되는 방안은 무엇일까? 하는 생각에 머리의 회로가 바쁘게 움직인다.

인생의 모든 문제의 출발은 성공과 실패의 비율이 50%의 성공, 50%의 실패를 안고 있다고 본다. 50%의 성공을 보기에 도전도 하고 그 성공의 비율을 높이기 위해 노력을 나름대로 땀을 흘리며 필사적으로 헤쳐나가 결국은 좋은 결과를 창출하는 것이 인생의 길이라 본다. 지금 밖으로는 '진보냐? 보수냐?' 선택을 놓고 온 국민이 어떤 고민을 한다고 본다.

그 결과에 따라 눈에는 보이지 않는 삶의 여러 가지가 달라지기에 그 결과가 어떻게 될까? 나도 되도록 내가 미는 대선의 후보가 좋은 결과를 내기를 바란다.

그 후보들도 요즈음 자신의 모든 역량을 걸고 장래의 밝음을 보여주려고 자신과 국가를 위하여 목숨 이상을 거는 마음으로 총력을 다 하리라. 패배의 뒤는 어떤 변명도 소용없으리라. 부딪칠 때는 자신의 모든 역량을 다하여 최선을 다하고 그 뒤에 하늘의 뜻에 자신의 결과를 맡김은 인간의 도리라 본다.

2013년 새해의 첫날에

2012년에는 나의 인생 중에서 가장 많은 각 사무실의 이동과 업의 부진, 자금 회전의 어려움과 가정에서의 문제 등, 지금까지의 인생 중 제일 어렵고 암울하게 보낸 시간이었다. 어려움을 슬기롭게 넘길 수 있었던 것은 긴 호흡과 마음의 평정심 그리고 비례에 대한 계획과 실천의 의지 그리고 그동안 기렸던 인내심과 주위 사람들의 따뜻한 사랑의 시선 덕택이었다.

인생을 사노라면 어려움이야 오는 파도처럼 밀려오지만 되도록 작게 왔으면 하지만 일단 온 파도야 슬기롭게 넘기는 인물로 살고 나 나름대로 인생의 그림을 그려보는 것 또한 인생이 아닐까?

올해는 더 슬기로움과 현명한 판단력과 용기를 갖고 앞장을 서서 이 어려움을 좀 더 한걸음 발전하는 도약의 발판으로 삼아 전진해야겠다.

앞으로 인생의 시간 중 남의 앞에 서서 용장처럼 뛸 수 있는 시간은 십 년 내외라 생각한다.

변화되는 인생의 시간들…….

이글도 원고지도 컴퓨터도 아닌 스마트폰으로 아무런 문명의 이기도 없는 곳에서 휴대폰으로 쓸 수 있음은 이 또한 세월의 변화이다. 이 변화를 따라감도 거부할 수 없는 시간의 추세 아닌가?

내가 세상을 따라가지 못하고 세상을 탓해야 뭐하리오.

결코 넘어질 수 없고, 크게 초조할 수 없기에 마음과 시선을 갈무리해 본다.

주어진 새로운 시간의 일 년의 단위, 훗날 2013년 그해는 좋았고 그해에 내가 비약적인 발전을 하여 오늘날에 내가 이렇게 웃고 기쁘게 있을 수 있다고 말할 수 있도록 보내는 시간으로 만들기 위한 계획과 그 실천의 방안을 새해 첫날에 하늘에 날리는 눈을 바라보며 그려본다.

조용하게 눈 내려 쌓이는 날이다.

사노라니 나에게 묻는다

행복이 무엇인가?

삶의 보람은 어디에?

인생의 목적은?

무엇이 기쁨이고 무엇이 슬픔인가?

인내란?

남녀의 사랑이랑?

만족의 한계는?

무엇이 나와 남을 위한 삶인가?

전진하는 삶과 쉬는 삶이란?

사물을 보는 정의의 척도는?

넓은 시야와 좁은 시야의 차이는?

간혹 무엇인가에 의해 잠 못 이루는 때가 있다. 컴컴한 천장을 보며 많은 생각을 한다. 일어나 책상에 앉아 몇 가지를 머리에 그려본다.

인생이란?

어디까지 노력을 하고 어디에서 결과를 기다리나!

가면서 멈추어서?

결과가 미비하면, 방향이 틀린 결과이면, 그 뒤에 대처 방법은 여러 생각을 해본다.

깊은 밤에 이러한 생각에 잠 못 이루고 글을 씀이 나의 삶에 좋은 면인가? 아니면 나쁜 면 인가도 생각을 해본다.

창밖이 어스름하게 밝아온다. 먼 곳의 불빛이 빛난다.

어둠이 가면 분명 밝은 아침이 오는 것이 이치이지만, 많은 삶이 과연 그럴까? 누구에게나 어둠 후에 밝음은 오지 않는 법, 그 밝음을 받는 삶의 방향은 되도록 편하게 생각 없이 밝아오는 밖을 보려 한다.

무심하게 밝아오는 아침의 시간은 다시금 생각하고 활동할 시간이 왔음을 알려주는 것, 다시 짧은 시간이지만 휴식을 취하고 활동을 할까? 이대로 일어나 움직이며 아침을 맞이할까?를 생각한다.

하루하루가 쌓이고 쌓여 인생의 시간을 보내며 그 자취를 지나간 시간에 잊던 잊지 못하던 새기는 것, 서서히 밝아오는 먼 하늘을 보며 하루의 시간을 맞는다.

햇볕 따스한 날

구정을 며칠 앞둔 시점이라 자금을 유통하는 것 말고는 크게 할 일이 없기에 농장의 주변을 걸었다.

세차게 바람이 분다. 차면서도 강하게 불지만 추운 바람의 흐름이 얼마 전 불던 바람과는 느낌이 달랐다.

마음이 따뜻한 사람은 누굴 혼내더라도 그 손끝에는 따스함이 묻어있듯 부는 바람결에도 따뜻함이 조금은 스며있는 바람이었다.

맑고도 푸른 하늘이 눈에 부시다.

조용한 겨울의 날에 한가롭게 있노라니 마음의 여유가 더욱더 편하다. 다른 계절의 한가함은 성질이 다른 여유의 한 때라면 겨울의 한가함은 주변과 함께하는 여유다.

모든 산하의 초목들이 숨을 죽이고 있고, 주위의 사물 모두가 성장을 멈추고 때를 기다리는 시간의 여유다. 때를 기다리며 한가로이 초야에 묻혀 사는 선비나 영웅인 양 깊은 고뇌도, 산책도, 사색도 한다.

한 줌의 따사로운 햇살에 만족하며 바람을 막는 정자의 한판에서 스마트폰으로 글을 쓸 수 있음은 호강이 아니고 무엇이란 말인가?

얼음이 살짝 녹은 개울물이 간지러운 소리를 내며 흐르고, 봄을 머금은 바람은 귓전을 스치는데 바람을 막은 돌담의 한복판에서 스마트 폰으로 글을 쓰며 한가로움과 햇볕의 따사로움에 잠이 사르르 밀려 들어오니 인간사 한평생 별거랴!

이것이 인생의 참 여유인가 싶어진다.

짧은 시간의 여유에서 행복을 느끼는 바람 부는 햇볕 따스한 날이었다.

부산역에서

부산역이다.

겨울의 찬 바람 부는 부산역, 잘 가라~잘 있어라~울며불며 이별하던 옛날 이별의 슬픔을 간직한 것 같은 부산역.

모든 것이 현대화되어 달라진 부산역. 건물이야 현대화되었어도 역이란 많은 사람이 이별도 하고, 출장도 가고, 일 끝내고 오는 사람, 가는 사람, 많은 여행객 등으로 살아있는 활력을 느낄 수 있는 공간이다.

나도 여행객이 되어 있었다. 기차의 시간이 조금 남아 어슬렁거리는 발길로 역내를 걷는데, "박부도김 작가님, 반가워요!"하며 한 여자분이 반갑게 인사를 한다. "어, 날 아나요?" 하니 내 책을 읽어 보았단다.

용모가 특이해서 금방 알아보았단다. 내 책 '바보의 후회'가 좀 팔렸다더니, 이렇게 간혹 날 알아보는 독자가 있어 반갑기도 하고 당황스럽기도 하다.

작가로서 책은 몇 권 냈지만 아직 이렇다 할 인기 도서 한 권 없는 무명인데, 이렇게 반갑게 알아보는 사람이 있다니…….

얼마 전에 대전에서 도 알아보는 여인이 있어 당황했는데, 이곳 부산역에도 알아보는 독자가 있다니!

내가 과연 작가로서 많은 사람이 공감하고 기꺼이 나의 책을 돈을 내고 사 볼 정도의 멋진 글을 쓸 역량이 내게 있단 말인가? 하고 나 자신에 물었다.

작가로서 글을 갖고 독자와 교감을 하고 많은 독자의 사랑을 받기 위해서는 지금 구상 중인 장편을 좀 더 빨리 출판을 하여야겠다는 생각을 다진다.

항상 나 자신을 넓고 넓은 황야를 바라보며 살아가는 사나이로서의 인생관을 가진 나, 황야는 어떤 식으로든지 변할 수 있고, 누구에게 의지할 필요도 없는 혼자의 판단으로 개척하여야 하며, 남의 시야가 아닌 자신만의 생각과 판단으로 행동하며, 주어진 환경과 여건을 여유롭게 받아드리며, 때로는 거칠게 부는 바람 등 자연의 환경에 꿋꿋이 맞설 줄 알고 버틸 때와 부는 태풍에 조용히 고개 숙여 넘길 줄도 아는 현명함도 가져야 한다.

미래의 시간

또 하나의 도전을 준비한다.

대부분 사람의 인생은 무엇인가에 도전하는 삶을 살고 있겠지만, 끊임없이 그 무엇에 대한 도전과 그 일에 대한 성과를 위하여 동분서주하는 모양이 나이다. 여유롭고 한가하게 시간을 보내며 유유작작 시간을 보내는 분들을 보면 그 여유로운 시간과 느긋하게 사는 생활에 어느 면으로는 존경스럽다.

끊임없이 무엇을 바라보고 구상을 하며 어떤 일의 결과를 위하여 여러 어려움의 고통을 감수하며 매일의 결과를 확인 분석을 하고 모자라는 역량을 한탄도 하며 그래도 한발이라도 전진을 위해 머리를 짜내고 확실한 결과가 없는 내일을 그리며 조금이라도 긍정의 결과를 얻기 위해 나름대로 생각과 판단으로 나가는 일이 하루의 일이다.

그 일의 과정에서 생기는 자투리 시간을 되도록 철저하게 나를 대로 즐기는 것의 일과다. 이 인생의 시간은 보이든 보이지 않든 끊임없는 변화의 물결이기에 그 물결 위에 노 젓는 사공으로 항시 호흡을 가다듬고 박자를 맞추고 가는 인생의 목적지까지 날은 흐리고 바람이 불고, 간혹 오는 파도 거칠고 힘은 빠지고 절망의 그림자 다가오더라도 마음만은 가슴을 펴고 찰나의 시간에도 즐거움과 기쁨의 여유를 갖고 살기 위해 항시 마음을 다진다.

세상은 나 혼자로는 살 수 없고 나 혼자의 이익을 위해 살기는 너무 짧은 인생의 덧없는 안타까운 시간이고 비판과 짜증으로 보내기는 싫은 인생이고 주어진 나의 현실에 불 만하고 살기엔 크게 도와줄 사람 없기에 혼자의 힘으로라도 반 발이라도 발전되어가는 내일을 그리며 꿈틀거리듯 힘쓰고 사는 것이 하루하루의 시간이고 땀을 흘리고 있을 시 불어오는 바람의 시원함에 감사와 우주의 오묘함에 감탄하고 나에 인해 한사람이라도 더 삶에 도움이 된다면 즐거워하며 나의 미소가 그를 즐겁게 한다면 그를 위해 기꺼이 미소를 보낸다.

나를 배신한 사람도 그와 같이 갈 수는 없지마는 나를 떠난 그의 인생도 신의 축복이 있기를 바란다. 그러면서도 나에게 온 고통은 빨리 사라져 주기를 바란다.

가만히 앉아 있기에는 어려운 변화의 파도 계속 밀려들기에 앉아서 당하느니 일어나 부딪치고 전진하려고 나름대로는 최선을 다한다.

신은 믿되 의지는 하지 않으며 전진하는 방법은 인내와 노력 그리고 좀 더 넓고 합리적인 시야와 지혜로운 판단이라 생각하며 조금 더 넓은 마음을 갖고 자 호흡을 낮추고 노력한다.

내일의 시간은 새로움의 시간이기에 그 도전을 위해 최선의 준비를 했다면 주어진 지금의 작은 시간이라도 여유의 만족을 위해 그 시간 속에 나를 넣고 다가올 미래의 시간을 맞는다.

딸의 결혼식

딸 결혼식을 무사히 치르고 농장으로 가는 길이다.

많은 부분이 섭섭하고 또 왠지 시원했다.

앞으로의 딸의 인생은 찾은 삶 속의 반쪽과 슬기로운 협조와 타협 그리고 인내로 딸의 인생의 행복을 하나하나 돌로 탑을 쌓아 딸의 행복을 진실로 빈다.

희망의 봄날이었다.

그리고 오늘 먼 길을 찾아와 결혼식을 축하해 주신 모든 분에게 진정으로 감사와 고마움을 표한다.

그 마음 잊지 않겠습니다.

다대포의 석양

부산 다대포의 석양이다.

시집간 딸의 초대로 부산에 와 약간의 시간이 있기에 주변을 걸었다.

부산은 젊은 날의 내가 많은 세월을 보낸 제2의 고향 같기에 바다나 낙동강의 물을 보면 반가움이 든다.

석양의 노을에 물든 바다가 보인다. 아직 많은 나이를 먹지 않았지만 노구의 몸을 끌고 고향을 찾은 어떤 시인의 쓸쓸한 시의 한 구절이

절로 생각이 난다.

석양이란 이렇게 조용히 걷는 중년의 사람에게는 묘한 생각을 갖게 하는 힘이 있다. 뒤를 한번 돌아보게 하고, 앞을 보게 하는 힘이 바람에 적당히 묻힌 어떤 그 무엇에 대한 그리움과 허전함의 내음까지 맡을 수 있다.

아직도 정리가 덜된 부분이 있는 인생과 앞으로 반 남은 인생의 시간에 보람과 충만함을 느낄 수 있고 그래도 덜 후회하고 삶을 마감할 인생의 방법과 방향 그리고 실천의 의지, 가장 합당한 판단의 연속에서 보내야 할 나의 시간과 자식들의 행복, 특히 이번에 시집간 딸의 행복에 아빠로서의 마음의 성원이 무엇인지를 생각했다.

평생의 반려자를 만나서 아빠와 같은 후회가 많은 인생이 아닌, 후회 없는 인생의 평범한 행복 속에서 보내야 하는 딸의 지속적인 행복을 빌어본다.

보낸 딸의 행복을 위해서, 마음속의 성원을 가득 담아 먼 하늘 저편까지 멀리멀리 전달하고 천천히 석양의 길을 걸었다.

봄날이 가고 있다

봄이 무르익어 가는 농장이다. 요즈음은 농장에 머무는 시간이 많아져 농장 안을 둘러볼 시간이 많다.

숨 가쁘게 뛰고 머리를 쓰고 많은 시간을 오로지 전진이 아니면 쓰러진다는 생각을 하고, 돈이나 시간의 여유가 적은 소규모의 사업으로 수십 년을 보내온 나로서는 농장을 소유는 하고 있었지만, 주말에 와서 지인들과 소주를 한잔 한다는 개념 이상의 생각은 없었다.

경기의 흐름을 타지 못하고 불황의 늪에서 일 년 이상의 시간을 허우적거리다 자의 반 타의 반으로 농장에 머무는 시간이 많아질수록 농장에 대한 새로운 시각의 눈이 떠서 마음으로 이곳을 보게 되었다.

춥고 삭막했던 겨울을 보내고 땅속에서 많은 시간을 참고 인내하며 준비한 꽃들과 나무, 그리고 풀들이 생명의 활기에 무엇인가를 우주에 감사하고 활기있고 아름답고 새로운 생명의 용트림에 산다는 것은 또 하나의 축복임을 느낀다.

100%의 완전한 행복이 어디에 있을까? 모자란 부분이 많기에 그 부분을 조금이라도 더 메꾸기 위해 노력하고 오늘의 괴로움이나 어려움, 그리고 슬픔까지 내일이 있기에 견디며 보내는 힘듦도 견딜 수 있지 않을까?

눈부시게 피어난 봄꽃들의 아름다움, 그 아름다움에 흠뻑 취해지는 마음은 어려움의 처지 때문인가? 적당하게 세월을 보낸 중년의 마음 때문인가? 무심히 떠 가는 흰 구름에 가슴의 답답함도 실려 보낸 마음의 공허인가? 행복하게 사는 삶은? 행복은 혼자 만드는 것인가? 짝과 같이 만드는 것인가? 나 혼자 행복을 느끼는 삶이 진정한 행복인가? 주변과 같이 느끼고 공유할 수 있는 시간이 진정한 행복인가? 육체와 마음이 만족할 수 있는 행복의 척도는 어디까지일까? 여러 가지로 생각을 하며 예뻐만 해주면 맹목적인 조건없는 사랑을 주는 귀여운 강아지 4형제를 데리고 봄꽃 흐드러지게 피어있는 농장에 부는 봄바람을 온몸으로 느끼며 천천히 즐기는 눈과 마음으로 바라다 본다.

지극히 평범한 사람

아침 식사를 준비한다.

요리를 할 줄 알아야 만이 진정한 독립적인 생활을 할 수 있기에 간혹 나 스스로 요리를 한다.

얼마 전까지만 해도 남이 차려 주지 않으면 라면 하나도 끓일 생각을 않던 내가 가만히 생각하니 식사의 독립이 없이는 완전한 독립적인 생활을 할 수 없기에 요즘은 요리에 신경을 쓰고 있다.

형식이 아닌, 그냥 그렇게 차리는 음식이 아닌, 만들었기에 먹는 음식이 아닌 진정한 안주인의 마음이 담긴 음식상을 받을 때까지 내 직접 해야지 하는 마음으로 음식을 만들어 먹는다.

물론, 오랜 세월을 권위적인 사고와 마음으로 음식을 먹고 대접을 받았던 내가 직접 요리를 하는 과정의 생기는 귀찮은 마음과 간혹 나는 짜증, 설거지의 번거로움과 쓰레기 뒤처리까지 이 과정을 즐기고 숙달시키려고 노력한다. 그때 그때의 설거지는 즉석에서, 청소도 바로바로, 모든 정리는 보이는 그때그때를 원칙으로 하지만 음식을 먹을 때나 차릴 때도 한 두 가지 라도 폼을 내고 최고의 격식을 차리며 산뜻하고, 간단한 라면이나 끓여서 입에 퍼 넣는 개념이 아닌 차를 마시더라도 멋진 컵으로 담아서 느긋하게 의자에 앉아 자연을 보며 여유 있게 마시며 간혹 들리는 새소리는 보너스로 듣고 천천히 마신다.

지금은 이렇게 내가 직접 해 최고 간단히 먹지만 조만간에 어떤 여인의 사랑이 담긴 매일 매일의 식사를 꿈꾼다.

오늘도 키우는 닭과 오리의 알로 튀김을 하고 마늘쫑에 옥돔 찌개로 간단하게 차린 아침을 본 건물의 옆에 있는 손님용 간이 식당에서 요리를 해 느긋하게 자연을 보고 날 따르고 좋아하는 개들이 식당 앞에서 마음껏 편안한 자세로 누워 있는 모습을 보면서 뒤편 나무 위에서 들리는 지저귀는 새 소리를 들으며 음식을 먹고 차를 마셨으니 어떻게 보면 신선의 생활이리라.

그러나 나는 신선이 아닌 돈도, 작은 명예도, 사랑도, 어떤 욕심도 버리지 못하고 있는 지극히 평범한 사람이다.

두견새

축축하게 봄비 내리는 농장이다.

무엇인가 그리운 것이 그리움으로 봄비로 내리는 것 같다. 허전함을 메워줄 부드러운 그 임의 미소가 멀리서 오는 소리가 빗소리와 섞여 봄바람으로 다가오나 노란색의 개나리 조용히 흔들린다.

하얀 안개 농장을 감싸 안고 바람에 천천히 흐른다. 무심의 시선으로 먼 하늘도 본다. 인생사 변화되지 않는 것이 무엇일까? 자연도 우리의 인생도 변화하고 흐른다.

단, 그 변화가 추운 겨울에서 봄이냐, 풍성한 가을에서 삭막한 겨울이냐는 시간이 만들었지만 이 세상의 모든 것은 변화를 거부할 수는 없다. 어떤 변화가 내 옆에 와 있다. 봄이든지, 겨울이든지 별로 변화하고 싶지 않지만 내 의사와 관계없이 등 떠밀려서 남을 구하고 영웅이 된 사람처럼 나도 원하지 않은 변화지만 그 변화로 새로운 행복을 옆에 두고 싶다.

어느 분의 말처럼 허전하고 골치가 아플 때는 그대의 창문을 열고 휘파람을 크게 불어보아라. 같이 놀아줄 먼 산의 두견새 나오리라.

그 말을 믿고 창을 열고 휘파람 크게 불리라, 큰 휘파람 소리는 소리 없이 내리는 봄비를 뚫고 멀리멀리 가리라. 두견새 있는 그곳으로.

강아지의 사랑과 현실

농장에 가면 나를 보고 반가움에 어찌할 줄 모르고 이리 뛰고 저리 뛰며 반기는 생후 4개월의 강아지 4마리가 있다. 이 강아지들은 농장을 산책할 때 내가 발걸음을 움직이기가 어려울 정도로 나를 반긴다. 나 역시 작고 귀여운 이들을 몸짓과 앙증 맞은 행동을 볼 때마다 귀여움과 사랑 스러움을 동시에 느낀다.

이 세상의 모든 사물은 이렇게 많은 것을 주고받는 것이 아닌가? 생각한다. 내가 사랑을 주었을 상대의 사랑도 상대적으로 오지 않을까? 한다. 내가 미움을 주고 사랑을 받기는 어렵다고 본다.

지금은 농장에서는 여러 가지 이유로 몸이 작은 애완견으로 키운다. 예전에는 덩치가 큰 세퍼드 종류를 많이 키웠다.

이 개들을 보살피던 관리인의 관리 부족으로 개들이 목줄을 벗고 농장에 뛰어다니면 통제나 또 다시 잡아 묶기도 어려워 꼭 나의 도움을 청했다. 개들은 나의 말은 듣고 순종을 해도 자기 말을 듣질 않아 통제가 어렵다고 한다. 매일 먹이를 주는 관리인의 말은 안 듣고 일주일에 2~3일 오는 나의 말에는 그 개들이 철저하게 순종을 했던 이유는 무엇이었을까?

그 관리인은 사랑이 없는 먹이를 주고 똥을 치웠을 뿐, 사랑은 주지 않았고 일주일에 몇 번 보는 나는 그들에게 사랑을 주고 교감을 했기에 나의 말에는 복종했고 관리인의 말은 전혀 듣질 안 했다. 물론 관리인의 미숙한 동물 다루는 솜씨도 한몫했겠지만 작은 개들도 미움을 주고 혼내고 거칠게 다루면 그 강아지들의 반발도 어른이 몽둥이를 들고 겁을 주어도 전혀 겁내지 않고 짖으며 달려들지만 평소에 자주 사랑을 주면 기꺼이 몸을 받친 순종으로 다가온다. 사람은 동물보다 더 높은 머리가 있기에 인간을 움직이려면 먹이나 공포도 좋지만 부드럽게 상대의 가슴을 전시는 반복된 사랑을 갖고 관심을 둬 주는 것이 필요하다 본다.

가슴을 전시는 부드러운 사랑과 배려를 받은 사람은 준 사람을 미친 개처럼 물지는 절대 않는다. 조그 마한 작은 강아지도 그들을 진정으로 관리할 방법은 사랑이 깃든 배려인데 과연 우리는 우리가 좀 잘산다고 못 사는 동포에게 진정으로 가슴 적시는 사랑을 한 번 이라도 주었단 말인가? 잘 산다는 우리가 무엇을 가슴으로 그들을 배려했단 말인가?

강아지의 사랑스러운 모습과 시끄러운 현재의 상황을 생각해 본다.

내가 사는 곳

내가 사는 곳이다.

요즈음 자목련이 피니 농장의 분위기가 많이 바뀌었다. 아름답고 경치도 좋은 이곳, 지금까지는 주말에 내려와 지인들과 술 마시는 곳으로 대부분 시간을 활용했지만 크게 깨달은 부분이 있어 앞으로는 나의 삶의 보람을 위해 예술적인 공간으로 많은 부분을 지인들과 지금까지처럼 오로지 술을 마시는 장소가 아닌 가벼운 술자리나

문학이나 예술은 논하는 같이 활동하는 공간으로 만들 것이다.

그리고 이 공간은 나와 나의 여자의 공간으로 흔들리지 않게 만들어 이곳이 따뜻한 사랑이 있는 많은 사람이 찾고, 즐겁고 평안한 마음으로 시간을 보내다 갈 수 있도록 만들려 노력할 것이다.

인생의 전반부를 마치고 반 남은 후반부를 가고 있는 내가 이곳을 후반부의 터전으로 삼기에는 좀 빠른 감이 있으나, 극심한 불경기를 진땀 내며 넘어가기 정말 힘들어서 앞으로는 좀 편한 인생을 보내자는, 아니 준비하는 마음으로 나에게 평안을 줄 수 있는 휴식처다.

마음 편히 나와 나의 여인이 편할 수 있는 공간, 토끼굴 같은 공간으로 만들고 싶다.

오리도, 닭도, 거위도, 칠면조도, 오골계도 그리고 나의 꼬맹이 강아지들도 이 세상의 어느 곳 보다 평안한 공간으로 그들에게 만들어 주고 싶다.

인간으로 태어나 나로 인해 그 삶이 평온하고 좋게 많은 주변의 사람이나 짐승에게 사랑도 주고 행복도 준다면 그런 보람이 인간의 보람이 아닌가 싶다.

나의 손길에 기뻐하는 강아지들, 먹이를 주면 즐겁게 와 바쁘게 먹이를 먹는 적지 않은 동물들, 이렇게 많지는 않지만 나의 동물들에게 행복을 주다 보니 그들의 모습을 보는 것으로도 좋다.

나의 삶은 주변의 많은 분에게 사랑과 많은 것을 받고 살았지만 나의 삶을 전체적으로 본다면 받은 것 보다는 준 것이 많은 사람으로 살다 가고싶다.

현명하고 베풀 줄 아는 인간, 적은 범위에서라도 주는 인간으로 사는 좀 괜찮은 인간이란 말을 듣고 사는 자의 기본적인 터전을 이곳에 만들려 한다.

먼 하늘에 흰 구름 떠가고 좀 세찬 봄바람 부는 이곳에 개나리, 꽃사과, 배 꽃, 수선화, 이팝 나무, 꽃 잔디, 살짝 피어나는 라일락 그리고 멋진 붉은색으로 가슴을 파고드는 홍매화를 보면서 농장의 낮은 동산에 오르면서 앞날을 구상한다.

한잔

어찌어찌 되어 저녁에 혼자 있다.

닭과 오리 등에게 먹이를 주고 간단하게 요리를 하고, 덥기에 윗옷을 벗었다. 5만 평이 되는 이 산속에 나 혼자 있으니 벗으면 어떻고 입으면 어떨까? 더운 날이라 평소에 즐기는 소주 대신 냉장고에서 맥주를 꺼냈다. 맥주의 시원한 맛이 목을 타고 흐른다.

혼자라는 것은 먼 산에 걸려있는 밝음이 서서히 사라지고 어둠이 그 깊이를 더해지면 묘한 감정의 흐름이 가슴속에 생긴다.

쓸쓸할 수도 있고, 무엇인지 알 수 없는 외로움이 가슴의 한편에 모기향처럼 피어나는 가하면 혼자로서의 홀가분함이 있다.

예전에는 많은 사람과 어울리면서 한잔과 대화를 하며 보냄을 즐기었지마는 요즈음은 혼자만의 즐거움도 즐긴다.

인생의 여정에서 대부분의 문제에 어떤 판단과 결정은 혼자의 몫이기에 나의 어떤 문제에 대한 판단도, 선택도, 결과도 그 과정에 생기는 어려움도 생각하면서 결코 어린아이의 판단이 아닌 현명하고 내일을 향한 지혜로운 판단과 행동이 요구되고 하기에 몇가지를 깊이 생각해 본다.

다가오는 여러 문제, 잘났든 못났든 나의 주변의 일이기에 결자해지의 원칙으로 내가 해결할 일은 내가 해결하고, 지금은 조금 아프지만은 문제의 흐름은 결국 새옹지마의 결과로 나에게 오리라 본다.

고난과 역경이 사람을 만든다 했나? 이 고난과 역경을 지금까지의 닥쳤던 인생의 파도를 잘 넘겨 온 가슴으로 이 파도를 넘겨 나의 가슴속의 피와 살로 만들리라 하는 생각을 하며 서서히 어둠으로 덮여가는 주변을 바라본다.

어둠이 짙어 갈수록 불빛은 밝아짐을 느끼며 미소를 띠며 시원한 맥주를 마셔 본다.

내마음

인간의 마음은 묘하다.

많은 세월을 많은 난관과 닥쳐오는 문제의 파도를 넘고 넘어 이 자리까지 왔기에 내면의 훈련이나 마음의 수련이 어느 정도 내공으로 쌓아져 웬만한 문제는 부는 순풍처럼 웃으며 넘기는 가슴 넓은 사나이로서의 나인 줄 알았는데…….

몇 가지 가정과 사업의 높은 파도를 맞다 보니 내가 인생을 너무 안일하게 살았고, 주변을 방만하게 넓힐 줄만 알았지 체계적으로 관리 유지하는 방법과 처세에 약했고 내면이 썩고 있는 줄 모르고 빤지르르한 겉모습에만 눈이 멀어 깊은 가슴의 눈으로 사물이나 인간들을 볼 줄 몰라 뒤통수를 맞고 불경기의 여파와 조직 관리의 미숙으로 사면초가의 입장이 되어보니 입에서 단 냄새가 난다.

이 다가온 파도를 어떻게 넘길까 생각하니 모든 문제의 흐름을 읽고 넘기고 그 난관의 흐름을 나의 내면을 숙성시키는 계기로 함은 나의 마음의 의지와 역량에 달림 있음이 아닌가 싶다.

도와줄 사람이 없음을 비관치 않고, 굳건하고 유연하면서 당당히 난관을 헤쳐나감의 실력과 능력의 부족을 실감하며 그 모자라는 부분을 행동으로 마음으로 의지로 두뇌로 풀기 위해 노력한다.

그래도 우는 것보다는 웃는 자가 보기도 좋기에 아무리 문제가 어려워도 순간 순간 입가에 미소를 띄워본다.

지금까지 인생 중 불운도 여러 번 왔지만, 불행 보다 그 뒤에 온 행운이 훨씬 많이 왔기에 이번의 크나큰 문제 뒤에 따라올 큰 행운과 행복이 무엇인지 그려보며 문제도 아직 해결한 상태가 아니면서도 기쁨의 미소를 지어본다.

진짜 큰 어려움이고 문제지만 내가 이 어려움과 문제를 가슴 깊이 어려워하고 있지 않은것 같아 스스로 내가 자만하는 것이 아닌가 생각하기에 스스로 늘 낮추고 심각히 문제를 보려고 노력한다.

헤쳐나갈 수 있고 이 어려움이 끝나면 비 온 뒤의 땅처럼 내면이 더 부드럽게 강해질 수 있음을 알기에 문제의 해결 방법에 머리를 놓는다.

어렵지만 그 어려움을 힘들어도 웃고 갈 수 있는 넉넉한 가슴을 갖고 있기에 한편으로는 기쁘다.

세상사 모든 것, 다 마음에 달린 것 아닌가! 자만하며 지루하게 살지 말라고 넘길 수 있고 가슴을 단련시킬 수 있을 정도의 문제를 주는 신에게 감사한다.

2장 긴 호흡과 짧은 호흡

활짝 핀 꽃은 곧 떨어짐을 알며, 진 꽃은 다시 핌을 안다.

그렇다고 떨어진 꽃은 다시 피는 꽃이 아님을 안다.

떨어진 꽃이지만 다시 필수 있는 꽃처럼 역량을 갖추려 하기에 항시 습관적으로 깊은 생각과 긴 호흡을 하려 한다.

흔들리지 않는 마음으로 살고자 한다.

농장

일주일 만의 농장

서울과 지방에 출장을 다니 다 농장에 들어왔다.

복장을 갖추고 나의 숙소 앞에 있는 로마 시대의 장군산 앞에 서 본다.

바쁘게 온몸의 모든 에너 지를 쏟고도 모자라고 마음속 의 투지를 세우고 모든 역량 을 다른 사람의 역량까지 벤치마킹해서라도 헤치고 나갈 파도의 높이를 가늠해 보면서도 항시 의연하고 흔들리지 않는 마음으로 오늘과 내일이라는 시간을 보내기 위해 편한 마을을 가진다.

밖에서는 밖의 마음으로~ 농장 안에서는 농장주의 마음으로~ 오늘은 또 다른 자연인의 마음으로~ 농장을 돌아보며 땀 좀 흘려야겠다. 매미 소리 들리고 부는 산들바람 시원 구나!

이 또 한 또 하나의 사는 맛이리라.

풀베기

시골의 일이란 끊임이 없다. 풀을 벤 뒤 뒤돌아서면 또 풀이 자라나 있다.

포기하면 몰라도 풀과의 전쟁이 연속이다. 장마 동안에는 더 잘 자라는 것 같다. 비 오는 속에 낫을 들고 나선다.

집 주변 큰 풀이라도 베어야겠다. 인간인 우리도 끊임없이 자신을 바꾸고 수련하지 않으면 내면의 성장을 멈추게 되고 잡초에 덮인 땅처럼 황폐해지고 말 것이다. 산다는 것은 끊임없는 전진이다.

오늘도 반발 자욱이라도 전진하는 삶의 시간이기를 바라며 잡초를 베어본다.

고난이 와도

참, 인생이란 묘한 묘미가 있다.

인간이 성장함에 필요한 것은 즐거움의 시간이 아니라 고난의 시간이 아닌가 한다.

나도 순풍에 돛단 듯 잘 나갈 때보다 역경의 시간이 생각을 많게 하고 주변을 넓게 보게 하고 어떤 투지를 부르니 대나무의 마디 같음이 고난이 아닌가 싶다.

산다는 것은 고행일 수도 있다는 말을 떠올리며 고행도 즐길 수 있는 넓은 마음이 항시 준비되어 있도록 나를 돌아본다. 힘들어도 좋다. 고난과 와라. 너를 즐기며 넘고 또한 계단을 웃으며 넘어가 대나무의 마디처럼 나와 나의 내면을 강화하리라.

그릇

큰 사람과 작은 사람이 사회 생활을 하다 보면 많은 사람을 만난다. 만나다 보면 자연스럽게 그 사람을 평가하게 된다.

'아! 이 사람은 큰 사람이구나' 하고 느껴 지는가 하면, 그의 위치나 경력을 보면 분명히 큰 사람 일 사람이 내면이 너무 작은 인간이기에 실망하는 때도 있다.

사람의 그릇이 달라짐은 무엇인가 생각해보면 정지된 인간인가? 진행형 인간인가? 에서 판단된다고 본다. 인간이란 내면의 발전을 위해 크던 아주 적던 정진하는 사람은 현 위치가 어떻든 인간적인 그릇의 넓이가 커지지만 쌓아온 그 위치에 만족하는 사람은 작아짐을 느끼기에 종종 실망한다.

새로운 물이 들어오지 않으면 물은 썩는 법, 기대하는 주위의 사람을 실망 시키는 그의 인생은 자유이겠지만 인연의 고리가 연결된 사람으로 바라보면 마음이 아파진다.

인간으로 현 위치가 어떡하던 내면의 보이지 않는 자신만의 수련을 쌓아 정진하지 않는 사람은 작아지는 사람으로 본다.

결국, 자신의 그릇은 자신이 만드는 것, 우리 하루라는 시간을 보내며 조금이라도 앞으로 나가 멈추면 낄 이끼를 덜 끼게 하는 것도 좋다고 본다.

완전한 인생이란 없는 것 같기에, 한 70점짜리의 인생을 살기 위해서라도 노력하고 살려 한다.

그러면 나의 그릇도 좀 넓어지려나!

인연 1

거래의 관계로 사람을 만났다.

편한 마음을 편하게 만나고 싶었다. 오랜 사이였으나 업무상으로는 직접 연결은 없었으나 간혹 안부를 묻는 사이였다.

내가 요즈음 여러 가지 어려움에 쌓여있는 것을 알고 일단은 돈을 떠나 합류를 하고 일의 성과에 따라 대접해 달란다.

참, 고마운 일이다. 이 난국에 부담 없이 부려 달라는 뜻인데 지금까지 나는 묘하게도 어려운 일이나 큰 난관이 닥쳐들 때 대부분 그 일을 부드럽게 넘길 수 있게 하는 사람이 꼭 나타나 난관을 넘길 수 있었다. 하기에 인연의 소중함을 느껴 대부분 새로운 사람을 만날 때는 최선을 다한다.

이 사람이 훗날 어느 시기에 좋은 인연으로 나를 돕는 사람일지, 날 살리는 사람일지 모르기에 인간적인 관계에서 나무를 가꾸듯 인간적인 최선을 다한다.

물도 거름도 주지 않고 결실만 바란다면 어불성설 아닌가? 그렇다고 무리하게 인간 관계를 맺으려고는 하지 않는다.

인연의 바람이 그곳에 간다면 편안하게 대할 뿐이다.

오늘도 편안하게 결실을 얻은 인간 관계에 만족하며 나도, 그도 차 한 잔을 앞에 놓고 편안하게 웃어본다.

나의 그림

내가 그린 나의 승마 모습이다.

몇 년 전 승마를 배운 후에 말을 한 마리 사서 사만 평이 넘는 농장을 말을 타고 돌아다녔다.

그때 나의 애마 이름은 '꽃분이' 였다. 이 '꽃분이'는 내가 농장에 들어가면 강아지처럼 항시 내 뒤를 따라다녔다.

승마는 큰 즐거움도 주었지만 말을 키우는 데에는 많은 노력과 비용이 들어간다.

밖의 일이 바빠져 농장에 자주 들어갈 수 없기에 부득이 '꽃분이'를 남에게 넘겼다. 그때 '꽃분이'를 타고 농장을 누볐던 몇 년 전이 그립다.

그림 속의 나와 '꽃분이'…….

호흡을 같이 하며 푸름이 가득했던 농장의 한 때…….

사람이던 짐승이던 호흡을 같이 하며 보낸 좋았던 시간이다.

호흡을 같이 하는 것은 인간관계에서도 꼭 필요하다고 느낀다.

호흡이 맞는 사람과 같이 하는 시간들.

사랑을 하던, 어떤 일을 하던, 즐거운 시간이리라.

아~ 호흡이 맞는 사람이 그리워라!

풀을 베는 마음

풀을 베는 마음

전원의 생활의 일차는 풀과의 끝없는 전쟁이다.

자주 풀을 제거하지 않으면 안된다. 풀을 깎으면서 느낀다.

이 보이는 풀은 예취기를 돌려 깎으면 되지만, 마음의 한편에 자라는 좁을 수도, 나쁠 수도 있는 마음속의 잡초는 어떻게 무엇으로 없앨 수 있을까? 그 마음의 잡초도 끊임없이 자랄 텐데……

그 잡초 같은 마음을 지속해서 다스릴 방법은? 오늘 또 다른 주어진 이 시간, 좀 더 새로운 나의 내면의 잡초를 제거하고 마음의 한편에 비어있을 꽃을 활짝 피게 하려고 나만의 방법으로 나를 다듬어 가는 하루로 만들기 위한 시간으로 하리라 하는 마음을 가진다.

이런 마음이 풀을 베는 마음이 아닐까?

마음

하늘에는 흰 구름 날고 산들바람에 나무 흔들리고, 하늘도 푸르름이 한 이틀 사이에 깊어진 것 같다. 여름의 뒤에는 가을이 온다는 것을 우리 모두 다 알지만 너무 더운 여름날에는 가을을 생각 할 수 없는 것이 평범한 인생인가?

단, 몇 도의 차이가 하루를 보는 마음을 달리하니 인간의 마음은 간사한가?

내 마음만 간사한가? 시원한 바람에 흔들리고 있는 이파리처럼 누구의 마음에 더위 뒤에 온 기분 좋은 날씨와 바람처럼 그의 가슴에 시원하게 스미는 바람이 될까? 기분 좋은 날이다.

새벽에

새벽에 일어나 소파에. 앉아 아침이 오는 것을 바라보며 몸으로 느껴 본다. 새벽의 안개가 끼어있다.

서서히 밝아오는 시간의 흐름에 안개도 서서히 얕아진다. 아직은 이른 시간인지 새들의 울음소리도 들리지 않는다. 멀리 고속도로를 달리는 차 소리만 간간이 들릴 뿐, 고요하다.

오늘을 생각해 본다. 어려움을 다가온 나의 사업적인 문제의 해결 방법과 그에 따른 나의 해결책과 내가 생각하는 방법이 과연 불황의 돌파구가 될 것인가? 별 해결 방법도 아닌 근시안적인 생각과 사고는 아닌가? 하면 몇 가지 해결책을 단기적인 부분과 장기적인 부분으로 나누어 생각해 본다.

쉽게 생각해 대충 넘어갈 문제가 아니기에 여러 생각을 해본다. 어찌하던 살아남이야 내일도 있는 법. 이 불황의 바람이 지나갈 때까지의 생존의 방법은 무엇인가도 생각해본다.

어떤 이론보다 실전에 바로 적응해 효과를 받는 방법도 구상해 본다. 고객도 직원도 결국은 인간이기에 효율적인 여러 방법도 그리고 오늘 만날 경우에 따라서는 나의 조직에 스카우트 할 사람과의 대화도 생각한다.

진실은 무엇보다 강하기에 진실로 나의 어려움을 이야기하고 그의 마음까지 같이 하는 도움을 받아 볼까? 하는 생각도 해본다. 인연의 길이 있다면 좋은 결과도 있겠지! 주어진 인생의 길에서 생기는 여러 어려움들을 남이 아닌 내가 넘겨야 하는 문제들이기에 좀 더 현명하게, 좀 더 지혜롭게 넘겨야 함을 느낀다. 이 생각 저 생각 하기에는 새벽의 시간이 좋은 것 같다.

오늘도 긴 호흡과 내일을 위한 시간으로 보내야겠다. 참, 어제 기쁜 마음으로 마산에서 술을 사준 그에게도 감사해야겠다.

기분 좋게 사주는 술 얻어먹는 것도 좋은 일이다. '나, 당신에게 이렇게 근사하게 한잔 살 수 있는 요즘 잘 나가는 사나이라오' 하는 무언의 대화일 수도 있으니까.

그에게 주어진 행운도 오래오래 가길 빌어본다. 걷어지든 안개가 더 끼인다. 새벽이 밝아 오라는가 보다.

긴 호흡과 짧은 호흡

나는 되도록 긴 호흡을 하려 한다.

호흡이 길어야 생각도 깊어질 수 있고 얕은 생각보다는 긴 생각을 할 수 있다.

인생 여정에 여러 가지의 사연이 있을 수 있다. 때로는 길 수도,

때로는 뛸 수도, 쓰러질 수도 있다. 나의 큰 고통도 남에게는 아무런 의미도 아닐 수 있기에 슬퍼도 너무 슬퍼하지 않고, 기뻐도 너무 기뻐하지 않으려 한다.

도저히 넘을 수 없었을 어려움의 순간도 시간이 가면 귓가에 스치는 순풍의 시간임을 알기에 어려움의 시간에는 긴 호흡을 해본다.

활짝 핀 꽃은 곧 떨어짐을 알며, 진 꽃은 다시 핌을 안다.

그렇다고 떨어진 꽃은 다시 피는 꽃이 아님을 안다.

떨어진 꽃이지만 다시 필수 있는 꽃처럼 역량을 갖추려 하기에 항시 습관적으로 깊은 생각과 긴 호흡을 하려 한다.

흔들리지 않는 마음으로 살고자 한다.

나만의

나는 사람이 많은 곳은 되도록 피한다.

맛있더라도 사람이 많은 식당 안가고, 사람이 많이 찾는 유명한 명승지도 피한다.

많은 사람이 간다는 유명한 곳이라면 나는 가지 않는다.

되도록 조용한 곳, 주변의 방해를 받지 않고 즐기든, 사색을 하든, 그런 곳을 좋아한다.

이제는 많은 것을 나만의 색깔로, 나만의 식으로 즐김을 바란다.

남을 어렵게 하지 않고 나도 남의 방해를 받고 싶지 않다.

우리는 대부분 하나의 색깔, 하나의 사고, 하나의 방향을 보고 가며, 그 길을 벗어나면 욕을 하는 경우가 많다.

이 나이 정도에 와서 느낌이 많은 길, 많은 사고와 의견, 남과 다름도 꼭 필요하다고 느낀다.

하나의 행동만 요구되는 군대의 문화는 얼마나 답답한 문화인가? 그래서 우리는 획일화 된 것을 싫어한다.

사람이 좀 적은 공간에서 느낄 수 있는 마음이 좋다.

상사화

상사화, 상사화 활짝 피어있는 함양의 산림공원을 거닐어 본다.

잎과 꽃잎이 만날 수 없다는 상사화, 우리도 인생을 살아가면서 바라고 원하지만 만날 수 없는 것이 얼마나 많은가!

삶의 진리, 부와 명예에 대한 추구, 사랑에 대한 정의, 보수와 진보의 화합, 나이 들어감과 건강과의 비례, 그립고 보고 싶음과 만남의 빈도, 원하지만 많이 이룰 수 없음이 삶이기에 상사화의 슬픔도 이해가 된다.

삶이란 결국 원하지만 이룰 수 없는 많은 부분을 알고 가는 시간의 흐름이니까. 우리 대부분 상사화처럼 살다 가는 인생의 길을 가는 여행객은 아닐지?

이별은 싫더라

흐린듯한 하늘에는 희색 구름 떠 있고, 그 하늘 아래 개천은 흐르고 무심한 가을바람은 길가의 코스모스를 흔들거리게 하고 있다.

산천은 변함없다.

물이나 사람이 시간이 흐를 뿐…….

지인의 모친상에 인사드리고 가는 길이다.

사람으로 태어난 자.

시간의 차이만 있을뿐 누구나 가는 길이다. 인간은 언젠가는 진정한 이별을 맛볼 수밖에 없는 존재다. 그러나 큰 이별이던, 작은 이별이던 이별은 싫더라.

수도자의 마음으로

경남 서상에서 함양 병곡까지는 차로 한 40분 걸리는 길이다.

이 길은 백운산을 넘는 길이기에 낮에도 다니는 차가 별로 없지만 밤에는 함양 병곡에 도착할 때까지 차 한 대도 보이지 않는 글자 그대로 고요의 길이다.

산길이다. 늦은 밤에 이 길을 달리다 보면 귀신이라도 나오면 반가울 정도의 고요와 적막감을 맛본다.

헤드라이트의 불빛에 추천하지 않는 길 옆의 초목들을 보며 달리다 보면 많은 생각이 스치는 경우가 많다,

인생이란, 결국 이 외로운 길처럼 혼자만이 가야 하는 것이 아닌가?

또한 이 길의 외로움을 즐기듯 혼자 가는 길을 때로는 철학적으로, 때로는 즐거워 슬퍼도 하면서 화도 내지만, 결국은 혼자만의 길을 가는 과정이 아닌가 하는 생각을 하면서 길을 가게 된다.

오늘밤 늦은 시간에 이 한적한 길을 가면서 인생을 한번 되돌아본다.

수도자의 마음으로 산길을 달린다.

아침을 맞는 마음

창 넘어 라일락 사이로 안개 낀 하늘 아래 코스모스가 보인다.

아침 바람에 코스모스가 살랑거린다. 무더위에 가쁜 숨 허덕일 때가 어제였건만 이제는 산야가 서서히 단풍으로 물들어간다.

아무리 큰 더위도 계절이란 시간 앞에는 무능한 것, 우리의 인생도 나아갈 때와 물러갈 때 그리고 지킬 때를 알아야 하는 것. 나도 무엇을 후퇴하고, 무엇을 지킬 것이며, 또 한 어느 부분을 정비하고 더 한번 나아갈 것 인가를 구상한다.

인생의 과정 중에는 결코 만만한 것이 없기에 일단은 마음을 준비하고 나아가며 되도록 실수가 적고 후회가 적은 앞날을 위해 가슴의 눈을 떠본다.

내 인생에 큰 후회가 되는 시간이 있었기에 앞으로는 실수를 큰 교훈 삼아 차분한 호흡 속에서 밀리는 않는 도도히 흐르는 큰물처럼 흐를 것을 생각하는 마음으로 오늘을 맞는다.

어려움의 시간

안개 낀 금강이다.

유유히 흐르는 강물 위에는 몇 척의 배도 한가롭다.

안개가 흐르는 강물을 바라보며 오늘의 일정을 그려본다. 안개가 끼어있는 산하처럼 좀 흐릿한 감이 있는 나날이다.

괜히 모든 것에 마음이 바빠지려 한다. 허나 일이 꼬일수록 마음은 침착해야 하기에 항시 느긋한 평정심을 유지하려 한다.

인생을 살아보면 어려움이나 불편함의 당연히 오기에 간혹 닥치는 어려움에 짜증 내기는 싫다.

내가 판단하고 내가 헤쳐나갈 길이라면 시간이 가면 안개가 걷히듯 시간의 기다림과 적절한 판단이 요구되는 과정에 또 한 번의 시간을 기다리는것도 즐거움의 나날이 아닐까 생각한다.

가만히 생각해 보면 잘 넘겼던 어려움의 시간이 날 많이 성장시켰던 시간이었던 것 같다.

우리의 시간

휴일 농장을 돌아본다.

사람 한두 명 투여해보았자 관리가 될 넓이가 넘기에 대부분은 자연 그대로 초목이 자라게 놓아 자연을 즐기고, 내 눈에 띄는 곳만 시간이 있으면 조금씩 손을 본다.

전문적으로 농장을 관리 하거나 농사를 짓는 분들이 보면 너무 게으르고 한심한 농장주이리라, 허나 들풀들이 멋대로 자라있는 자연도 잘 가꾸어진 자연과 비교하면 또 다른 맛이 있다.

인생도 다 나름대로 색깔이 있기에 멋진 많은 사연이 있는 것이 아닐까? 나이가 들어감에 비례해서 자연의 소중함을 알아감은 인간이기에 그러할까?

간밤에 나의 침실에 있는 큰 창문을 통해 늦은 시간에 하늘에 떠 있는 빛나는 은하수를 보며 오랜 시간 잠 못 이루고, 여름보다 유난히 밝은 별들을 바라보았다.

별들을 의미 있게 바라보기는 오랜만이었다.

도시에서 생활하기 보다 자연 속에 있는 시간이 많아진 요즘의 날들. 스치는 바람이 달게 느껴진다.

그러나 이 감미로운 바람도 몇 개월 후에는 살을 에는 칼바람이 되겠지. 이것이 우리의 시간이 아닐지…….

나의 다짐

자전거로 상림공원을 돌았다.

자연을 잘 살린 공원으로 주변을 돌면 자연을 잘 살렸구나! 하는 생각을 한다.

인간은 자연과 가까울수록 좋다. 일단은 마음에 평안함을 주니까

나는 앞으로 되도록 자연과 같이하면서 인간답고 당당하게 살려 한다.

아직 살아오면서 남에게 못 한 일보다는 되도록 많이 베풀고 살려 노력했고, 받은 것보다 준 것이 많은 인생이었다고 생각하며 앞으로도 가능한 한 베풀고 사는 삶을 살려고 나름대로 노력한다.

난관도 인생의 디딤돌로 알고 노력하려 했으며, 진짜 비참한 인간의 배신도 나를 도약하는 계기로 삼으려 했다. 결코 난관에 좌절하는 나약한 인간이 되기는 싫어 가슴을 넓히는 나 나름대로 단련의 시간을 가졌다.

그렇다고 대단한 인물은 아니라고 생각한다. 그냥 평범한 인물이지만 어떤 일에도 좌절치 않는 주변에 작은 대로 이익을 주는 나름대로 멋진 인간을 살다 가려고 노력하는 평범한 멋을 아는 사나이로 살다 가련다.

천황봉을 바라보며

함양에 있는 산, 봉우리의 이름도 거창한 천왕봉이다.

나의 거실에서나 침실에서도 잘 보인다. 농장에 머무를 때는 하루에도 수십 번을 본다. 계절 마다 그 모습 수시로 변화하고 낮과 밤, 시간의 흐름에 따라 변한다. 그러나 변화되는 것 같아도 또 보면 의연한 모습으로 있다.

계절이 가도
그리움이 가도
사랑이 가고
꿈이 가고
시간이 가더라도
의연히 서 있는 천왕봉 처럼
나의 주변의 모든 것이 가더라도
어떤 의연한 모습으로 살아감이
나의 길인가, 찬황봉을 보며
가볍게 생각 해 본다.

3장 나도 나무가 되어

좀 추운 듯한 초겨울 날에 일찍이 난로를 피워놓고 커피 한잔 앞에 놓고 난로의 온기를 몸과 마음으로 느끼면서 흔들의자에 앉아 스르르 밀려오는 잠을 자다 깨다 한다. 세상의 명예가 무엇이고? 출세가 무엇이며, 자기를 개발하고, 발에 땀이 나게 뛰는 것이 무엇인가?

덤덤한 시간

미워하는 사람.

용서하기도 어렵고 사랑할 사람 만나기도 어려워라. 작은 인간의 욕심 버리기는 더욱더 어렵구나. 인생의 흐르는 길에 덤덤히 잊을 것은 잊고 같이 갈 부분은 가겠지만 인생의 길은 결코 만만한 길은 아닌 것.

이래도 후회될 일 많고, 저래도 후회될 일 많다면 서서 멈추는 것보다 희망을 안고 가는 길이 좋은 것이다.

인간은 희망을 가슴에 안고 사는 한 진정한 패배자는 아닌 것.

어느 순간에도 가슴에는 희망의 불꽃이 타오르는 삶을 우리 살아갑시다. 인생은 결코 절대 쉽고 만만한 길이 아니기에 강한 의지로 사는 것이 꼭 필요함을 살면서 많이 느끼게 된다.

휴일 큰 목적 없이 마음 가는 대로 시간을 보냈습니다. 무덤덤이 보내는 시간도 삶에 꼭 필요한 시간입니다.

톱질을 하며...

나무를 톱질하며 세월을 톱질한다.

나무를 톱질하면서 인생을 느낀다.

톱질은 의욕이 앞서도 잘 관리되고 잘 드는 톱이 아닌 무딘 톱을 가지고 톱질을 하면 몇 배의 힘만 들 뿐 성과는 작다.

인생도 이와 같아서 길을 모르고 무조건 열심히 살자고 하면 힘만 들 뿐 행복은 작다. 하기에 우리는 자신에게 맞는 길을 찾아야 한다.

톱질하며 느끼는 또 하나는 너무 열심히는 하지 말자는 것이다. 어찌 보면 인생은 길다. 이 인생의 시간을 마라톤 선수가 마지막까지 체력을 안배해 완주를 하듯 어느 하나의 불투명한 일에 너무 모든 것을 건다면 후회할 일이 많으리라 본다.

그러기에 우리는 인생 전체를 보는 넓은 시야가 필요하다.

톱질하면서 인생을 생각하고 더 하면 무리가 올 것 같아 마무리를 했다. 빠갠 나무가 비를 맞지 않게 갈무리를 했다. 젖은 나무는 연기도 많이 나고, 화력도 세지 않다.

무엇이 내일을 위해 도움이 되는지 한 번 더 주변을 살피는 섬세함도 간혹 필요치 않은가 싶다.

높은 산의 정자를 바라보며

사람은 인생을 살다 보면 어쩔 수 없이 머무는 시간이 있다. 늪에 빠져 허우적거림보다 빠져 나갈 기회를 보며 힘을 비축할 시간이 필요하다. 세렝게티의 위엄있는 숫사자들은 생을 마감 할 때도 딴 동물처럼 늙고 약하기에 다른 육식 동물의 먹이가 되지만 대부분의 숫사자는 권좌에서 힘으로 쫓겨났어도 다시 한 번 권좌의 탈환을 꿈꾸고 도전을 하거나 정처 없이 넓은 평야를 걷다 죽는다. 사는 것이 무엇인가.

전진할 때 전진하고, 기회를 볼 때는 기회를 기다리고, 이룰 때는 이루고, 쉴 때는 쉬며, 엎드릴 때면 엎드리고, 사랑을 할 때는 열심히 하고, 헤어질 때는 헤어진다. 또 한 봄이 왔음을 알며, 가을의 날들도 알아야 한다. 어찌 보면 인생이 쉬울 것 같지만 곳곳에 산재해 있는 암초도 많음을 알아야 한다.

높은 하늘 아래 산 정상에 유유히 서 있는 정자, 그 하늘과 정자가 내 눈과 가슴에 들어옴은 왜일까?

도시의 황혼

도시의 황혼

보아라! 뜨는 해만 장엄한 것이 아 니다. 서서히 지는 해의 모습을 보아라.

무엇과 비교할 수 없는 모습이 아 니던가!

젊음은 젊은대로, 석양의 모습은 모습대로 비록 젊은 날에 비해 열정과 힘은 떨어지더라도 지금의 시간은 실수도 적고, 그 동안 쌓아온 경험을 토대로 내공의 폭을 넓힐 수도 있고, 더 올바른 판단을 할 수 있게 되어있다.

도시의 아파트 사이로 보이는 황혼이 장엄하듯 좀 더 멋지고 좀 더 인간적인 시각을 갖고 살기 위해 나름대로 최선을 다하고 살리라.

때를 아는 사람

그리 무성했던 잡초도 세월 앞엔 힘을 잃고 만다. 아무리 왕성한 생명력도 또한 때가 있다.

우리는 크던 작던 어떤 목적이나 목표를 이루려면 시기에 알맞은 노력이 필요하다.

아무리 꿈이 좋고 그 내용까지 좋더라도 적절한 시기에 알맞은 노력 을 하지 않고 타이밍을 못 맞춘다면 그 인생은 꼭 후회하리라.

자! 우리 자신을 한번 되돌아보아서 지금의 시간이 노력을 할 때인가? 사랑을 할 때인가? 움추릴 때인가? 휴식을 할 때인가? 기회를 노리고 힘을 기를 때인가 를 생각해 보자.

노력할 때 노력 못 해 시간이 지나고 후회하는 사람이 얼마나 많은가!

사랑을 할 때 사랑하지 못해 통곡을 하는 사람도 많다.

때를 아는 사람, 일단은 성공할 사람이리라.

우둔한 인물

사람의 욕심.

나는 사람들이 부러워할 것들의 70%는 갖고 있다. 그런데 그 70%에 만족하지 못하고 없는 30%에 갈증을 느낀다.

가진 것이 충분하고 조금 모자람을 즐겨야 하는데, 나의 허물은 작게 보이고 남의 허물은 크게 보이듯이 남 가진 것은 커 보이고, 나 가진 것은 작게 보이니 속물의 근성인가? 작은 인간의 마음인가!

없는 작은 것에 끊임없이 욕심부리는 나는 아직 갈 길이 먼 한참을 더 가야 하는 우둔한 인물인가?

포크레인

내가 활용하는 굴착기다.

젊은 날 군대에서 우리 병력 100명 정도가 투입되어 통신선을 묻는 작업을 하는데 하루에 작업량이 150m도 할 수 없는 돌이 많은 땅이기에 여름날 날씨에 많은 땀을 흘리며 부대원 모두가 매일 매일 땅을 파는 눈물 어린 고생을 했던 시절이 있었다.

한 전우의 누나가 땅강아지처럼 더럽고 넝마 같은 옷을 입고 계속된 땅 파는 작업에 얼굴은 시커멓고 웃을 때만 이가 하얀 동생의 모습을 보고 너무 안쓰러워 하염없이 울면서 손을 흔들고 가다 또 보고 또 울던 사연도 볼 수 있었던 고생스럽던 날들이었다.

미군들의 작업 구간 가까이에서 땅을 파느라고 전 병력이 땀을 흘리며 고생을 할 때, 미군 작업 구간에 오후 늦은 시간에 검둥이 미군 병사 한 명이 껌을 질근질근 씹으며 굴착기를 몰고 와서 우리 부대 100명이 넘는 병사들이 일주일 동안 고생하고 팠던 땅의 깊이나 길이 보다 한 시간도 안 되어 땅을 파고 유유히 가는 것이 아닌가!

그때 나는 멍하니 그 모습을 보고 무엇인가 강렬한것을 느꼈다.

아무리 우리 것이 좋은 거야!

옛 방법이 좋은 거야!

정신이 젤이여! 하더라도 그것은 아니라 생각했다.

적절한 곳에 적절하게 현대적인 장비를 투여하지 않는다면 안 된다고 느꼈다. 삽으로는 할 수 있는 작업은 한계가 있기에 포크레인을 한 대 사서 비 온 뒤에 사용하고 있다.

여름에 무너진 길, 옮길 나무 등 여러 가지 장비로 할 일을 한번 해 볼까 한다.

선희

네 시간을 운전해 태안의 한 농가에 갔다.

농장에 키울 작은 품종의 강아지 두 마리를 준다기에 농가 앞에 차를 세우자 어미 개로 보이는 흰색의 개가 차에서 내리는 나에게 다가와 반갑게 꼬리를 친다.

새끼를 낳은 지 한 달 밖에 안된 어미 개가 처음 보는 나에게 반색을 하다니, 착하고 순한 개라고 생각했다. 여인 둘이 봄부터 가을까지 농사를 재미로 짓고 겨울이 오면 농가를 떠나 서울에 있는 아파트에서 겨울을 보내기에 예쁘게 키웠던 '선희'라고 불리는 개를 새끼 포함해서 나와 농장을 보고 개를 잘 키울 분 같다고 '선희'의 행복을 위해서 나에게 주고 싶다고 하여 어미와 새끼 둘을 포함해 받았다.

나는 묘한 점이 있다. 나를 딱 본 순간부터 좋아하는 사람과 그렇지 않은 사람으로 나뉜다. 그런데 아까 내가 차에서 내리는 순간 처음 보는 나에게 달려와 꼬리를 치고 반김은 순간적으로 인연인가? 라고 느꼈다. 그런데 나를 보자 남을 주기로 되어있다는 '선희'를 꼭 나에게 주어 '선희'에게 행복을 안겨 주겠다는 그 분의 말에 "좋습니다. 데려다 자유롭게 잘 키우겠습니다," 하고 '선희'를 데리고 왔다. 새끼만 데리러 갔다가 어미까지 데리고 왔다.

나의 농장에 온 '선희'는 첫날부터 농장에 있는 개들과 큰 문제 없이 잘 어울린다. 농장에 숫개만 5마리다.

앞으로 크게 반김을 받고 '선희'의 후손들이 농장의 꽃으로, 지킴이로 살아갈 것이다.

나도 '선희'가 자유롭게 농장에서 아주 편한 개로 살다 갈 수 있게 사랑을 줄 것이다.

괜찮은 시간

대전 유성에 가면 공원의 한곳에 설치되어 있는 무료의 족욕탕이 있다.

온천으로 유명한 곳이기에 홍보의 목적으로 만들었는가 보다.

물에 들어가기 전에 발을 씻을 수 있는 시설이 되어 있었다.

모처럼 지인들과 한잔 거하게 하고 자정에 가까운 시간에 발을 온천물에 담그고 초겨울에 불어오는 찬바람을 맞다 보니 얼굴에 찬바람이 스치자 술은 적당히 오르지, 발은 따끈따끈하지, 밤하늘에는 반달이 밝게 떠 있지, 대화가 재미있게 되는 일행이 있어서 좋은 시간의 한때였다.

인생의 여행 시간에서 간혹 소중한 시간이 있다.

여러 가지의 방향에 따른 그 시간은 다르겠지만 그 시간의 한때는 따뜻했던 시간이었으리라. 좋은 시간이란 한마디로 따뜻함이 흐르는 순간의 표현이다.

사람이란 몸도 마음도 어떤 면으로는 그것을 찾는 여정이다.

우리가 누구인가에 한때라도 따뜻함을 줄 수 있는 인생의 시간이 있다면 그래도 괜찮은 인생 아닐지!

맛 없는 점심

어떤 여인이 있다.

그 여인과의 관계는 한 모임의 회원으로 만났다. 서로 취향이 다르기에 옛날에 모델과 연기를 한 괜찮은 여인이지만 남매처럼 가깝지만 서로 담담한 사이로 지냈다.

어떤 일로 그 여인에게 도움을 청하자 바쁜 일정에도 불구하고 시간을 내어 몇 시간 도움을 준다.

고맙기에 내가 점심을 산다니 자기가 잘 가는 맛 좋은 식당에서 점심을 산다고 해서 맛있게 점심까지 잘 얻어먹었다.

"잘 먹었다. 고맙다!" 하고 헤어졌다.

헤어질 때 짓는 그 여인의 미소를 보고 '아차!' 하는 생각과 아까 맛있게 먹은 점심밥이 뱃속에서 서는 것 같았다. 평상시 그 여인은 남에게 쉽게 점심을 사는 마음이 후한 여인이 아니었다.

나에게 몇 시간을 내주고 점심까지 자발적으로 산 것은 나에게 부탁할 무엇인가 있기 때문에 고도의 계산으로 산 밥인데 먹을 때부터 마음 한쪽이 찜찜했는데 헤어질 때의 그 야릇한 미소가 마음에 걸렸다.

며칠 전에 들어 주기 쉽지 않은 부탁을 하기에 대답도 하지 않았는데 참으로 소화 되지 않는 밥을 먹었다.

차있는 주차장까지 천천히 걸으면서 그 여인의 그 야릇한 미소를 생각했다. 오늘 점심 잘못 먹은 것 같다.

'이런 점심은 참 맛없는 점심이다.' 라고 생각하며 '픽~' 웃으며 차에 올랐다.

나도 깨어 있다

오늘은 회원들과 같이 1박2일의 짧은 일정으로 제주도에 가기로 한날이기에 농장에서 새벽 3시에 출발하여 집결지인 서대전역으로 향했다.

새벽의 고속도로는 한가하여 이 생각 저 생각을 하면서 앞날을 계획 하기에는 좋은 시간이었다.

안개는 멈추어있는 것이 아니고 강물처럼 흐른다. 안갯속을 헤치고 가다 보면 어는 지역에는 거짓말처럼 안개는 없고 맑은 밤하늘과 어느덧 보름달이 되어있는 달이 보인다.

새벽에는 문을 연 커피 전문점이 없기에 24시간 문을 열고 있는 휴게소 편의점에서 커피를 샀다.

우리나라의 커피문화는 몇 년 사이에 비약적인 발전을 했다.

20여년 전만 해도 식사 후에는 구수한 숭늉을 최고로 쳤던 우리가 이제는 식사 후에나 일상적인 생활 속에서 언제부터인지 사이좋은 연인처럼 '착~' 하고 붙어있다. 고속도로를 달리며 차 안에서 마시는 커피의 맛, 이 또한 행복의 또 다른 맛이다. 그 씁쌀하면서 구수하고 달짝지근한 맛이 목을 통과하는 맛이란, 이 맛에 많은 세계인이 커피를 좋아하는 것이 아닐까! 차 안에서 나는 커피를 되도록 조금씩 천천히 마신다. 이 좋은 맛을 최대한 긴 시간 맛보며 감탄하고 싶기에…….

우리의 행복도 그렇지 않을까? 한꺼번에 온몸에 젖어드는 짧은 행복보다는 오랜 세월 두고두고 맛보는 행복이 더 좋지 않을까?

새벽의 고요 속에 고속도로를 달리며 커피의 맛을 천천히 음미하며 안개도 즐기며 간혹 하늘에 떠 있는 보름달도 보며 밤의 시간을 보냄도 좋다. 목적지인 서대전역 주차장에 왔다. 움직이는 사람 아무도 보이지 않고 도시의 불빛만 보인다.

주차장 앞의 24시간 해장국 파는 식당 불빛이 환하다. 저분들은 모두가 고요하게 잠자고 있을 때 돈 벌려고 언제 올지 모르는 손님을 하염없이 기다리고 있다.

밤이란 모두가 잠들어 있는 시간은 아니다. 자신의 삶을 위하여 사는 사람도 많다.

나도 깨어있다.

이민이나 갈까?

나는 한국 여자가 싫어 외국으로 이민이나 갈까 보다. 며칠 전 내가 속한 한 모임의 회원들과 같이 제주도 여행을 갔었다.

그 일정 속에서 한국의 평범한 여인들에게 실망한 일이 있어 글을 쓴다. 제주도에 도착한 첫날 흥겨워 좀 풀어진 듯한 마음으로 한잔을 한 뒤, 한 회원이 제주도에 왔으니 아까 안내자가 얘기 한 '제주도의 명물, 뚜껑이 열린다'는 나이트클럽에 한번 가자는 말에 참 오랜만에 지붕이 열린다는 나이트에 갔다.

오후 8시 밖에 안 된 이른 시간인데도 제주도에 온 등산복 차림의 남녀로 홀이 꽉 차있었다. 모두 다 적당히 취한 것 같았고, 어떤 들뜬듯한 분위기에 모두가 흥겨워한다. 놀란 것은 음악이 흐르고 신난 사람들이 스테이지에서 흥겹게 춤을 추고 노는데 어떤 공연 시간에 옛날같이 늘씬한 미인이 아닌 20대의 젊은 남자가 등장하여 반라로 춤을 추다가 '성기를 보았다. 살짝 감췄다' 하고 춤을 춘다. 이것을 보는 사십 대, 오십 대, 육십 대의 여인들 이리 뛰고 저리 뛰고 손을 올리고 괴성을 지르며 발광 직전의 모습인 양 반 미친 형태로 뛴다.

놀라웠다. 자신의 동생뻘이 아닌 아들 정도의 새파란 영계가 나와 성기를 보일듯 말 듯함에 좋아서 괴성을 지르고 어찌할 줄 모르고 침을 흘리며 뛰다니 우리네 한국의 여인이 그리 성에 굶주린 반 미친 상태의 여인이 이리 많았던 말인가!

아주 어린 아들 같은 남자의 성기 노출에 그리 미친단 말인가? 이게 남자에 대한 집단적인 여자의 반발이란 말인가? 아무리 즐기러 온 시간이라도 지킬 것은 있어야 한다고 본다.

많은 남자가 자기의 여인이 아닌 자신의 어머니가 아들 또래의 남자의 벌거벗은 모습과 성기 노출에 그리 발광한다면 즐거울까? 비록 그것이 노는 자리 일지라도 나의 여동생이나, 친구, 애인, 나의 마누라라면 절대로 말리고 싶다. 그러지 말라고 부탁하고 싶다.

아니면 이 꼴 저 꼴 추한 꼴 안보라면 이민이나 갈까?

나도 나무가 되어

추울 때는 따뜻함이, 더울 때는 시원함이, 목마를 때는 물이, 마음이 외로울 때는 애인이, 무엇을 먹고 싶으면 때나 사고 싶을 때는 돈이 제일이다.

좀 추운 듯한 초겨울 날에 일찍이 난로를 피워놓고 커피 한잔 앞에 놓고 난로의 온기를 몸과 마음으로 느끼면서 흔들의자에 앉아 스르르 밀려오는 잠을 자다 깨다 한다. 세상의 명예가 무엇이고? 출세가 무엇이며, 자기를 개발하고, 발에 땀이 나게 뛰는 것이 무엇인가?

경쟁이 무엇이란 말인가? 난로 안에 타는 나무도 한때 무성한 푸른 잎을 자랑하다 화목이 되어 나를 따뜻하게 하는구나.

그 따스함 내가 즐기듯이, 나 또한 그 누구의 나무가 되어 나를 태움으로 그를 따뜻이 할까나!

일요일 아침에

일요일 아침, 밤의 고요는 사라지고 밝은 아침의 햇빛 비추고 있다. 간밤에 잠을 자다 깨어 장문을 통해 보이던 밤의 세계, 달빛도, 별빛도 없는 깜깜한 밤하늘과 깻잎이나 상추를 키우는 농가의 비닐하우스의 불빛만 길게 밝게 보이는 밤에 따뜻한 침대에서 눈만 옆으로 돌려 밤하늘을 보는 재미란 혼자 있기에 누리는 호사이리라.

어떤 여인과 같이 있으면 있는 그대로도 좋다. 하지만 여인과 같이 안고 잔다면 그 즐거움에 취해 맑은 정신으로 사물을 보고 생각하기 어렵다. 하기에 이롭게 혼자 누워 컴컴한 밤하늘을 보는 재미도 좋다.

여인을 옆에 두고 무엇인가에 외로워하고 허전한 생각을 하는 것 보다는 홀로 보는 시원한 밤하늘이 좋구나 하는 생각을 하며 웃고 잤는데, 눈 뜨니 아침이다.

행복이란 보편화한 행복도 좋겠지만 주어진 찰나의 짧은 시간에서도 어떤 자기만의 멋을 본다면 좋지 않을까? 물론 남에게 보이는 행복도 좋지만 진정한 행복이란 자기 자신이 느끼는 인간으로의 보람의 시간이 아닐까?

그 시간이 길던 짧든 관계없이…….

차 한잔의 행복

무료함을 달래기 위해 점심은 고속도로를 10분 정도 달려 하양 휴게소에 왔다.

고속도로 휴게소는 여행객들이 잠시 머물며 맛있는 간식과 식사를 하며 잠시 머물다 가는 곳이다, 이 많은 여행객 속에서 혼자 편히 마음에 드는 음식을 먹으면서 여행 중인 사람들을 바라보는 것 또한 재미있다.

그중에서 보기 좋은 여행객들은 젊은 부부가 각자 닮은 아이를 2명 내지 1명과 같이 있는 경우다. 열심히 일하다 휴식의 시간을 맞아 아내와 자식과 같이하는 인생의 가장 보람된 시간을 갖는 젊은 가장의 보람과 그 뿌듯함을 느낄 수 있고 아이들과 아직은 사랑하는 남편과 같이 하는 여행의 즐거움을 만끽하는 젊은 여인의 충만한 행복도 옆에서 자연스러이 솟아나는 샘물 같은 즐거운 기를 느낄 수 있다.

즐거움을 바라보면 즐거워지는 것 아닌가! 그 따뜻하고 부드러우면서 즐거움으로 쌓여 있는 것을 보고 느끼면서 인간의 행복을 생각해보면서 나 또한 편안한 기분으로 커피를 한잔 사서 마시니 나 역시 즐거운 시간 아닌가?

자다 가

어느 사람과 대화에서 자신은 50%의 인생을 산다. 모자란 50%는 만나는 상대의 몫이다.

누구나 만나는 인연이면 나도 50%요, 너도 50%니 모든 인간적인 관계에서 똑같은 권리를 갖고 있으니 항시 상대를 지배하거나 누르지 않고 원만한 관계를 가질 수 있다고 한다.

나는 항시 70%의 인생을 살고자 하고 모자란 30%를 항시 어떻게 배우고 어찌 메꿀까? 하는 자세와 마음으로 사는데 어찌 생각하나? 하고 물으니 그의 말, '그러니 당신은 주변을 지배하고 부리고 당신의 주장을 많이 내세우는 편 아닌가? 70%의 마음이니 상대에게 바라는 것은 같은 동등함이 아닌 나보다 적은 30%의 권리만 원하는 것이 아닌가?' 한다.

그의 말을 듣고 잠시 생각했다. 생각해 보니 어떤 면으로는 맞는 말 같았다.

항시 나의 인생은 70점이다. 70점이 나의 목표요, 정상의 마음이며 모자란 30%를 채우기 위해 노력하는 것이 나의 인생이다 라는 생각으로 살아왔는데 70%의 생각으로 살았기에 어떤 상대를 만나던

30%의 생각과 30%의 권리만 인정했던 나 위주의 인생 아니었던가? 라고 생각되었다.

누구를 만났던 나하고 동등함이 아닌 30%의 의사만 필요했고 30%만 인정했던 것이 아닌가. 그러기에 그 이상의 생각으로 상대가 접근하면 짜증을 내고 마음으로 일단 거부하지 않았나 싶다.

70점 인생을 산다는 것이 어떻게 보면 자기 위주의 자신감이 있는 인생의 생각과 나는 50점 인생이다 라며 50%는 네가 채워라 하는 마음의 자세는 영 다르다. 하기에 여인을 만나도 30%라는 적은 권리만 인정했지 나도 반, 너도 반이라는 생각으로 만나진 않았던 것 같다.

그래서 식사를 해도 내 위주의 메뉴였지 상대의 생각은 작게 들어 주었던 것 같다. 그럼 이제 불타는 상대에게 대폭 양보하는 삶을 살아야 겠다는 생각을 단잠을 자다 깨다 잠이 안와 이 생각, 저 생각을 하였다.

눈 덮인 산을 보고 서러워 한다

눈 덮인 황령산을 보며 서러워한 다. 인생이란 계절이 있다.

희망의 나무 무럭무럭 자라 나고 신기루 같은 꿈, 아지랑이 처럼 피어나는 모든 것이 밝게 보이는 봄이 있고, 무성한 푸른 잎 지칠 줄 모르게 대지를 덥고 그 뜨거운 열기 주변을 감싸는 여름이 있고 시들어 가는 꽃과 잎을 아름답게 보이게 하는 원만한 능력이 있어 지는 단풍을 처절한 아름다움으로 보이게 하는 시원한 듯 서늘한 바람 부는 가을이 있는가 하면 잎새 다 떨어져 벌거벗은 나목 사이로 황량한 산의 검은 모습에 간밤에 내린 잔설의 모습 보이는 차가운 곳에 싸늘한 삭풍 불어 나무 울고 있는 겨울도 있다.

피어난 꽃은 지고, 아무리 우람한 잎도 결국은 지고, 산 것은 언제인가는 간다. 어제 온 눈에 덮인 황량한 산을 보며 왠지 서러워한다.

우주의 작은 먼지가 되어

나의 침실에서는 자다 눈을 뜨면 바로 밤하늘이 보인다.

저녁에 이 생각 저 생각 하다가 잠을 이루었고 자다가 잠을 깨니 새벽 3시 정도 창을 통해 밖을 보니 멀리 비닐하우스의 깻잎 키우는 농가의 불빛만 검은 밤을 빛내고 있고 밤 하늘에는 무수한 별이 보인다.

나의 침실의 창이 북쪽으로 나 있기에 그중에서 환하게 빛나고 있는 북두칠성이 선명히 보인다.

시골은 밝은 인위적인 불빛이 적기에 달빛이 없는 밤에는 별들이 잘 보인다. 우리가 보는 밤하늘의 빛나는 별들의 빛 중에는 이 지구까지 그 빛이 빛의 속도로 수백 수천의 광년을 달려왔기에 우리 눈에는 그 빛이 보이나 이미 그 별은 우주에서 사라진 별일 수도 있다는 글을 본 적이 있다. 이 무한대의 우주, 지구라는 작은 별에서 기껏 백 년 남짓 살다가는 인간들…….

어떻게 보면 삶 자체가 별거라!

산다는 것이 무엇이고?

사랑한다는 것은?

종교가 무엇이며?

좌익, 우익 하는 사상이 무엇이며?

적은 지역의 감정이 무엇이며?

좋아하고 싫어하는 감정은 무엇이란 말인가? 하는 반문을 하고 가슴에서 답을 찾아본다.

넓게 보면 잠시 인간으로 살다가 스치고 지나가는 바람처럼 그렇게 흔적없이 조용히 사라지는 것이 우리의 시간일진데 하는 실없는 생각을 하다가 밤하늘을 보다 잠자리에서 베개를 베고 스마트 폰으로 글을 써본다.

참 편리한 세상이다. 지금이 좋으니 옛날이 좋으니 해도 옛날보다는 지금이 훨씬 좋은 것이다. 잠시 왔다 가는 세상, 이 글을 보는 분도 이 지구라는 별에서 동시대를 같이 살고 있고 아주 좋은 인연이 있기에 이 글을 보는 것, 우리 살아있는 동안 나름대로 열심히 살다가 훗날에 우주의 아주 적은 먼지가 되어 영원히 같이 떠돌아 봅시다.

헤어지는 것에 대한 아쉬움

단풍을 자랑 하던 11월은 가고무엇인가 결실이 필요한 것 같은12월이다.

한장 남은 달력을 보며 생각해보니 한해를 90% 이상 보낸 지금 생각하니 왠지 한 해를 잘 보냈다는 생각보다는 뭔가를 놓친 것 같은 생각과 한달 남은 올해라는 시간에 짙은 아쉬움이남는다.

세월은 흐르는 것, 흐르지 않고 머물 수 있는 것은 없는 것.하지만 무엇인가를 보낸다는 것은 많은 세월 속에 많은 되풀이를 했기에 단련도 되어 담담해 질 법도 하건마는 아직 까지 세월이던,여인이던 보내는 것에는 짙은 아쉬움을 느끼니 아직도 인간적인 철이 부족한가?

그러나 인간적인 철이 적든지, 모자라던지 보내는 것에 대한 어떤 아쉬움은 이 생명 다할 때까지 느끼고 싶다.

아직은 청춘

술을 마신다는 것은 어느 면으로는 서로의 마음을 마신다고 생각한다. 젊은 날에는 오로지 술을 마시기 위한 자리이면 누구냐를 따질 필요도 없이 어느 여인을 만나든지 술자리면 대부분 기꺼이 자발적으로 갔다. 이제 사람으로의 적당한 시간이 흐른 요즈음에는 누구하고 마시느냐에 따른 술자리에 신경을 쓴다.

아무리 안주가 좋고 좋은 술을 마신다 해도 왠지 마음이 들지 않는 자리이면 피한다. 구태여 싫은 사람하고는 술자리에 같이 어울리기가 싫어진다. 술자리에는 좋은 사람, 편한 사람과 가슴을 통하며 마시고 싶다. 호흡이 통하지 않는 사람과는 술자리는 싫다.

여러 사람과 나누어 술을 마셔야 되는 12월, 이달을 어떻게 현명하게 처신해 맛있게 기분 좋게 술자리를 가져 볼까를 생각한다.

보통 자리라면 적당하게 마시는 것을 조절할 수 있지만 기분이 통하는 사람과는 이 나이에도 조절을 못 하고 과하게 마시고 그 후유증으로 며칠 고생을 하는데 통하는 사람과 술 한잔 하는 재미를 못 버리니 아직도 인생의 나이는 청춘인가 한다.

4장 무덤덤히 산다는 것

하나의 인간으로 인간적인 삶을 살며 내가 어떤 운명의 길과 인연이 있고 나에게 주어진 여정은 어느 길인가를 기다리며 보며, 느끼며, 걸어가며 되도록 주어진 길과 방향에 감사를 드리며 가려 한다.

나 만의 성

나를 기다리는 곳이 있다는 것은 가슴 설레는 상쾌한 일이다.
그게, 여인이든지 사랑하는 가족이든지 따뜻한 가슴을 갖고 웃으며

반긴다면 그 누구라도 좋을 것이다.

아니, 그 기분 좋게 기다리는 것이 사람이 아닌 어떤 사물이라도 좋다. 늦은 밤 고속도로를 달려 찾아온 곳, 나의 농장 그곳에는 높은 하늘이 있고, 많은 소나무가 겨울바람을 즐기고 있고, 내가 파놓은 연못에는 오리 거위가 노는 곳, 지나가던 새가 잠시 머물다 가는 곳, 눈 많이 날리면 고라니, 멧돼지 간혹 먹이 찾아내려 오는 곳, 이곳이 항상 날 반기니 이곳은 나의 보금자리요, 몸과 마음을 풀어놓고 쉬는 곳이다.

세상의 어지러운 바람 산의 정기 무서워 돌아가는 곳, 아직도 인생의 즐거움을 꿈꾸며 강아지들과 뛰어노는 곳, 세상에 당당히 내 깃발 걸고 편하게 식사하며 포도주 한잔 즐기는 곳, 언제나 날 반기는 곳, 나의 안식처이자 나만의 성, 오늘도 부는 바람에 마음의 큰 나의 깃발 바람에 펄럭이는 곳이다.

우주 어디선가

내가 사는 농장에서 대전으로 나갈 때는 나는 차가 많이 다니는 길을 피하고 30분 정도를 마주하는 차 한 대 없고 사람도 전혀 볼 수 없는 아주 한적한 산을 넘는 길을 택한다.

계절적으로 변화되는 자연을 혼자 충분히 만족하며 감상을 하고 오밀조밀한 우리의 자연에 마음속으로 감탄을 한다.

사람이란 어떤 행동 속에서 무엇인가를 느낄 수 있지만 우리는 행동보다는 많은 생각 속에서 인생의 모든 것을 새로운 각도의 관점을 얻을 수 있지 않나 생각한다.

나만이 차를 타고 가면서 하늘을 보고, 그 하늘 아래 각가지 형태의 구름도 보고, 계절적으로 바꾸어 피는 들꽃들과 변화되는 풀들의 색의 모습과 자연과 여러 가지의 나무들의 변신을 본다.

수백 번을 지나가도 같은 길이지만 같은 모습으로 본적은 한 번도 없다. 새로운 모습, 조금이라도 다른 형태의 모습이다.

이렇게 변화되는 자연을 보며 많은 생각 속에서 지나는 산길, 이런 자연적인 조건을 받은 나에게 감사할 때가 많다.

바쁘게 사는 인생의 시간 속에서 무심히 지나칠 수 있는 자연의 변화를 피부로, 공기로, 마음으로 느끼며 그 변화를 알 수 있음에 그 무엇인가에 매번 감사를 느낀다.

인생의 여정에서 자주자주 자연의 변화를 보고 느낌은 축복이다.

우리가 삶을 끝내고 어디론지 갈 때 갖고 갈 것이 그 무엇일까? 나는 없다고 본다.

그러기에 우리는 삶이란 시간 속에서 무엇인가를 많이 느끼고 자연에 대한 감탄도 많이 하여 가슴을 많이 충만 시킨다면 언젠가 우리가 지구에서 아지랑이처럼 사라져서 우주를 헤맬 때마다 우주 어디선가 떠돌이 같은 느낌이 들지 않을까?

인간의 몫

잠시 친구들과 절에 왔다.

인간이란 대단한 존재 같으면서도 한꺼풀만 벗기면 대부분 나약한 존재가 아닐까?

신은 왜 필요하고 왜 많은 사람이 신에게 의존해 행복을 느끼는 걸까? 사회의 규범에 벗어나지 않고 주위에 해롭지 않은 종교라면 무엇을 믿고, 믿지 않고는 개인의 자유적인 선택이지만 절이나 교회에 가보면 그 종교만의 특징을 갖고 있다.

대입 수험생을 앞둔 불교 신자들이 스님과 같이 불경을 암송하나 밖으로 나오는 불경 소리는 사뭇 우렁차다.

나는 예수님도, 부처님도 어느 면으로는 대단히 존경한다. 그러나 그분들을 통해 무엇을 도움받는 기도는 되도록 하지 않는다.

무엇에 대한 실천과 행동의 몫은 인간의 몫이라 생각한다. 무엇을 하고 그 결과는 약간의 행운이 따라주는 결과임을 바라며 겸허하게 받아드리고 결과에 순응하며 그 결과가 좋으면 기뻐하고, 결과가 나쁘면 실망을 하면서도 왜 그랬을까? 다음에는 이런 결과가 없는 방법은 무엇인가? 라고 생각한다.

법당 앞에 서서 차디차게 맑고 푸른 하늘을 보며 모든 일의 행위의 결과는 어디까지가 인간의 몫이고 어디까지가 신의 몫일까? 하는 생각을 한번 해 본다.

나의 행운은?

버스를 타고 목적이 있는 여행을 하고 있다.

고속도로 옆에는 겨울의 헐벗은 산야의 모습과 흰 잔설 그리고 다른 지방의 아파트 등 여러 건축물 등이 보인다.

어떤 목적의 여행이든 대중교통을 이용한 여행은 머리에 자유로운 휴식을 준다. 내 차를 갖고 하는 여행은 개인의 행동적인 자유는 주지만, 내가 나 자신을 위한 안전운행과 목적지에 도착할 때까지 아니, 돌아오는 길까지 긴장의 끈은 놓을 수 없다. 허나 버스나 기차를 이용한다면 머리는 편하게 마음대로 어느 상상을 하던 맘껏 마음의 나래를 펼칠 수 있다.

전문가에게 목적지까지의 안전 맡긴다는 것도 마음 편한 일이다.

넓게 보면 이런 것이 종교라 생각된다. 나의 인생의 여정에서 누군가에게 어느 부분을 맡긴다는 것은 꼭 필요한 삶의 방식이 아닐까?

그 닿은 인연의 고리가 결과적으로 좋았나, 나빴나는 그 개인의 어떤 행운의 작용이다.

차창 밖으로 빠르게 흐르는 사물을 보며 스마트 폰을 이용해 글을 쓰며 내 삶의 마감 때까지 행운이 나에게 어떤 여러 형태의 모습으로 앞으로 올지를 생각해 본다.

화목

전기톱으로 나무를 때기 좋게 자른다.

아무리 멋지고 근사한 고가의 화목 난로가 있더라도 결국은 나무가 난로 안에 들어가 나무를 태움으로 따뜻한 열을 얻을 수 있다. 또 나무를 태우기 위해서는 여러 가지의 잡일들을 처리해야 한다.

이렇게 화목 난로에 매각이 나를 피우기 위해서는 보이지 않는 부분을 힘들여 일하여야 만이 따뜻함을 즐길 수 있다.

삶도 그렇지 않을까? 보이는 화려할 수도, 당당할 수도 있는 외형을 보고 그를 평가할 수 있지만 그가 그곳에 있기까지의 보이지 않는 노력과 고통 그리고 인내에는 무심할 수 있다.

난로 하나를 피우기 위해 추운 날 전기톱을 갖고 나무를 자르는 수고와 나르는 일, 그리고 불을 피우고 나중에 재를 버리는 일, 그리고 중간중간 불구멍을 관리하는 수고를 기꺼이 받아들이고 움직여야만 따뜻한 난로 앞 흔들의자에 앉아 느긋하게 시간을 즐길 수 있는 것이다.

강력한 모터의 회전속도와 진동으로 전해지는 톱날의 움직임 그리고 날리는 톱밥 속에서 난로 속에서 부드럽고 따뜻한 빛을 내며 타는 나무의 모습 그려보며 나무에 전기톱을 밀어 넣는다.

무덤덤히 산다는 것

지리산을 등 뒤에 하고 서 본다.

나는 되도록 사물을 무덤덤하게 보려고 노력한다. 무엇인가에 일심이 산다는 것도 좋지만 평정심을 갖고 올 것은 오기를 기다리고 갈 것은 가는 것을 그냥 지켜본다는 마음을 갖고자 한다.

얼음은 녹고, 끓은 것은 식으며, 겨울이 가면 봄이며, 핀 꽃은 꼭 지는 것을 알며, 태어난 것은 언제인가는 끝이 있고, 슬픔과 기쁨은 파도처럼 가고 오며, 시작한 것은 언젠가는 멈춘다는 것을 안다.

하기에, 나의 주변의 사물과 자연을 있는 그대로 무심히 보려 한다. 하나에 너무 슬퍼할 필요도 없고, 반대로 무엇에 너무 기뻐할 필요도 없다고 본다.

하나의 인간으로 인간적인 삶을 살며 내가 어떤 운명의 길과 인연이 있고 나에게 주어진 여정은 어느 길인가를 기다리며 보며, 느끼며, 걸어가며 되도록 주어진 길과 방향에 감사를 드리며 가려 한다.

오늘도 멋진 자연을 뒤로하고 살아있는 모든 것을 볼 수 있음을 감사한다. 정말로 많은 사람은 우리가 살아간다는 것에 감사를 느낄 필요가 있다 본다.

돼지 국밥

돼지국밥 식당에서 국밥에 소주를 곁들여 먹으면서 잠시 아버지를 그려 보았다.

작년에 93세로 돌아가신 아버지, 이 분은 생전에 작은 사업을 하시면서 돈에는 전혀 걱정이 없으신 분이었다.

명절이나 어떤 대소사로 우리 형제와 같이 식사를 하게 되면 아버지는 맛있고 비싼 요리를 대접하겠다고 하지만 나는 구수한 돼지국밥의 국물과 그 부드러운 수육을 어느 음식보다 좋아한다.

나를 비싼 음식으로 대접하려 하지 말고 나하고 같이 돼지국밥 맛있게 먹자고 하며 93세 넘은 돌아가시기 몇 달 전까지 국밥에 소주 한잔을 마시며 아주 흐뭇해 하셨던 아버지의 모습이 떠오른다.

나도 아버지를 닮은 체질이라 그런지 돼지국밥을 좋아해 나하고 잘 아는 국회의원, 대학 총장, 교수 등 지인들과 돼지국밥 식당에 같이 가서 기분 좋게 샀다. 그들이 먹어보고 '맛있다'고 호평을 하기에 여자 친구들도 몇 번 같이 가서 돼지국밥을 같이 먹었다. 그들이 잘 먹기에 좋아하는 줄 알았는데 어느 날 한 여인이 나에게 말하기를 '자신들을 뭘로 보기에 걸핏하면 돼지 국밥집에 데려가느냐, 여자들은 안 좋아 한다.' 고 말해 나는 좀 놀랐다.

이 구수하고 속 풀이에는 제일인 돼지 국밥집에 소주 한잔 하려 모시고 왔다고 값싼 대접을 받았다며 불쾌히 느끼다니 아직 내가 여인을 제대로 읽으려면 멀었나 보다 생각되었다.

마음 편히 내가 좋아하는 돼지국밥에 소주 한잔 곁들이며 가슴 깊이에서 진정으로 환한 웃음을 줄 여인을 찾지 못한 상황에 아무 여인이나 돼지국밥을 대접해 그들의 모양새를 낮추었다니, 바보 같은 행동을 했다. 하지만 이 세상 어디인지는 내가 좋아하는 국밥과 수육을 같이 먹으면서 소주 한잔에 기뻐하는 나를 보며 멋진 웃음 보내주는 여인도 있으리라. 혹시 그런 여인 있으면 신청하세요.

내, 돼지국밥에 소주 한잔 사리다. 하하하.

구름에 달 가듯

어느 모임에서 가곡을 불렀다. 내가 좋아하는 일이다. 내가 즐기며 좋아하는 일은 시간이 걸리고 작은 금전적인 투자가 따르더라도 기쁘게 할 수 있다.

인간은 인간이기에 살기 위해서 땀과 노력과 인내를 요구하는 생업에서의 고군분투도 필요하지만 나의 영혼이 즐거워하는 내가 즐거운 일이 서너개 아니 한두 개라도 필요하다.

살기 위해서만 인생의 시간을 보낸다면 나에게 허락된 시간이 너무 아깝지 않을까? 라고 생각한다. 노래를 할 때면 내가 즐길 수 있고, 그 시간은 나의 영혼이 나에게 만족하는 시간이다.

얼마 전 나와 오랜 거래를 한 지인의 한 분이 말하기를 '아깝다! 며 박 사장이 돈을 벌 수 있는 많은 시간을 놓아두고 아무 돈도 안 되고 노력이 요구되는 노래하고, 그림 그리고, 글을 쓰는데 많은 시간을 보내고 있는데 바보 같은 일이다. 그가 돈을 더 벌려고 노력한다면 그는 많은 돈을 벌 수 있고 거래처인 나도 돈을 벌 수 있는데 돈 안 되는 엉뚱한 일에 시간과 노력을 하고 있으니 참으로 안타까운 일이다.'

이 말을 사람을 통해 들은 나, 그가 나를 지금까지 잘못 이해하고 있었다고 생각되었다. 분명히 돈을 목적으로 열심히 뛴다면 지금보다 훨씬 많은 소득은 올릴 수 있지만 그 돈을 벌기 위해서는 지금보다 더 많은 노력과 땀과 현명한 판단 그리고 많은 집중력을 요구한다.

나는 나의 모든 노력을 돈 버는 것에 투자하는 시간을 보내긴 싫다. 그렇게 풍족하지는 못해도 술은 마음대로 마실 수 있고, 간혹 뜻이 맞는 이들을 위하여 적은 찬조금이나 술도 한잔 살 수 있고, 주말이면 가서 쉴 수 있는 넓은 농장이 나를 위해 기다리고 있는데 어느 정도의 시간은 나를 위하여 나의 영혼이 좋아하는 일을 하면서 즐겁게 시간을 보내고 싶다.

분명 그 일이 금전적인 희생이 있더라도 그 길을 가고 싶다. 돈만 따라가는 인생으로는 살고 싶진 않다. 내가 더 열심히 돈 벌기를 바라는 그분, 돈만 벌기 위해 뛸 수 있는 파트너는 다른 곳에서 찾기 바란다고 분명히 전했다.

나의 봄날은 갔나?

나의 변함없는 친구 개들과 같이 강가를 산책한다. 십여 년 전 이곳의 땅을 매입하고 어떤 계획에 매진할 때는 지금보다 젊었다.

그때는 하루에 몇 번이고 이곳을 오고 갔다. 허나 아직도 나는 청춘이다 라고 겉으로는 큰소리치고 다니지만 정신은 몰라도 육체는 영 아닌 것 같다.

불과 10여 년 전에는 내가 앞에서 큰 개들을 앞장서서 끌고 다녔는데 지금은 작은 개들의 뒤를 가빠오는 숨결을 고르며 뒤를 따라다니기 바쁘니 세월의 탓인가? 체력관리를 못 한 나의 탓인가? 좌우간 이제는 체력을 갖고 남에게 자랑할 나이는 아닌가 싶다.

얼마 전에 친구들과 술을 마시며 한 농담이 생각난다. '이제는 술 마실 때 젊은 여자와 마시면 왠지 겁난다. 하하하' 할 정도의 나이가 나도 실감이 나지 않게 내 옆에 와 있음을 느낀다.

'세월 앞엔 장사가 없다'는 말이 있다. 그나마 아직은 남은 젊음의 흔적이 있지만 내가 내 몸이 귀찮은 정도의 날들이 나에게 틀림없이 오겠지만 그때 내가 느껴야 하는 삶의 즐거움은 무엇이고, 또한 무엇이 나와 같이 가는 것일까? 그 날들을 대비하는 방법은? 친구를 많이 만들어야 하나? 만년지기 여인을 만들까나? 돈을 움켜쥘까? 죽자사자 운동해 최대한 체력을 키울까? 고요하고 덤덤한 마음으로 나를 수양할까? 몇 가지 생각을 해보며 조그만 강아지 뒤를 땀 흘리며 무거운 발걸음으로 쳐질까 봐 부지런히 따라간다.

아~ 나의 봄날은 갔나?

기차 여행을 하며

부산을 기차를 타고 간다.

자가용을 이용하는 여행보다는 기차로 하는 여행이 몸과 마음을 편하게 한다.

차창을 스쳐 가는 풍경을 마음 놓고 즐기며 감상할 수 있다.

머리를 편하게 하면서 갈 수 있다.

인생의 좀 긴 듯한 여행에서 이러한 짧은 여행의 즐거움이 모여 모여 인생의 여정을 빛나게 하는 것이 아닐까?

눈이 오려나, 잔뜩 찌푸린 하늘이 겨울의 찬 하늘을 오히려 따스하게 하고 있다.

하늘은 맑으면 맑은 대로
흐르면 흐린 대로
하늘이어서 좋다
우리의 인생도 같지 않을까?

자투리 시간의 여유

나는 나의 생활을 되도록 즐기려 한다.

인생 전체를 하나의 여행으로 생각하고, 그 여행 중에 일어나는 여러 사건을 되도록 객관적 시각으로 즐기는 자세를 가지려 노력한다.

긴 여정에서 어려움의 시간도 많겠지만 그 시간이 흐르면 따뜻한 봄날에 시원히 부는 바람을 피부로 느끼며 봄꽃을 즐길 수 있는 의자에 앉아 차 한잔 마시는 기분으로 어느 곳에서든지 시간의 여유가 있으면 그 시간을 즐기려 한다.

큰 행복만이 행복은 아닐 것이다. 이렇게 흐르는 삶의 시간 속에서 찰나적 일 수도 있는 시간의 자투리를 이용해 그 시간을 여유를 갖고 즐길 수 있음은 좋다.

무덤덤이 지나가는 사람을 볼 수 있고 마음속으로 그들에게 잔잔한 미소를 띄울 수 있음에 감사한다.

오늘도 벌써 서서히 밖이 어두워진다.

그리움의 대상?

며칠 만에 간 농장이 겨울의 강추위에 배관의 모든 부분이 얼어버려 물이 나오지 않는다.

급하게 먹는 물은 건물 앞 산에서 내려오는 약수로 해결하지만 수세식 화장실을 이용할 수 없고, 목욕은 물론 세수하는 것조차 불편하다.

물과 불 그리고 전기는 항상 우리 옆에 공기처럼 있기에 그 고마움을 모르다 문제가 생기고 나면 너무 큰 불편을 느껴야 그 고마움을 알 수 있다.

우리의 옆에 있는 그 누구인가도 옆에 있을 때는 그 소중함을 모르다 없어지면 그 그리움이 가슴 깊게 들어오는 것이 있다.

나에게는 그 그리움이 무엇인가?

그 그리움의 대상이 진정 내 가슴에 있는가? 라고 생각해본다.

나의 성

머리에 떠오르는 여러 가지 생각을 바람에 마른 낙엽 날리듯 사방으로 흐트려 생각의 본질이 무엇인지 모르게 한다.

한두 가지 생각에 머리 아프게 생각하는 것보다 본질을 흐려 놓으면 뭘 생각할지를 몰라 편하다.

어제 반가운 지인들과 만나 두 번의 술자리로 평상시 마시는 양보다 좀 많이 마셨다. 왜 인간은 묘하게도 마음이 가는 사람과 그렇지 않은 사람과 구분이 자연스럽게 될까? 인간의 그 작고 좁은 마음이 뭐길래 잠시 짧은 시간을 보내다 헤어지더라도 사람에 따라서 가슴의 만족이 다르니…….

나의 성을 굳건히 쌓아놓고 상대에 따라 그 성문을 열고 닫으니 옛 성을 걸어보며 비추는 아침의 햇살을 보며 나의 성에도 저 빛처럼 밝게 빛날 수 있었던 것은 무엇인가? 를 생각하며 옛 성터를 거닐어 봤다.

인연

내가 술 복은 많은 사람인가?

오늘은 한국의 독보적인 치유 명상음악가 신기용 씨를 만나 술 한잔 했다. 그의 독특한 음악, 즉 혼자만의 북 그리고 가슴을 울리는 애달픈 듯한 기타, 독특한 피아노 소리, 기타와 피아노에서 이런 가슴을 적시는 소리와 음이 나오나? 하고 깜짝 놀랐다.

그의 음악은 분명 일반 음악과 달리 가슴을 울리는 그 무엇인가가 있다. 우리 앞으로 자주 만나고 많은 부분을 이야기하기로 했다. 시나

소설 그리고 음악 어느 부분에 많은 세월을 보낸 이들에게는 분명 그들만의 세계가 있다.

우리만이 느낄 수 있는 이야기를 자주 하기로 했다. 2차까지 그가 인사 겸 사주는 술을 밤 늦게까지 마셨다.

앞으로는 형, 동생 사이로 지내기로 했다. 수염은 그가 많고 길지만 나이는 내가 많아서 형을 하기로 했다. 나이 많은 것은 이럴 때 좋은가!

뛰어난 음악인이고 교수였고 음악영화를 만들기 위해 노력하는 인물을 동생으로 만났으니 나이 많은 것도 복인가 한다.

흐른 세월을 서러워 하며

대전 팝 오케스트라 신년회에 갔다.

고문이란 직책으로 대전 팝 오케스트라의 활성화에 노력하기로 했다.

회의를 마치고 준비된 음식을 먹고 마실 때에 총책임자가 날 보고 우리 중에 젤 연장자인 박부도김 고문님이 건배 제의를 하겠습니다. 라고 부탁하는 것 아닌가!

일어나 건배사는 했지만, 마음은 참으로 묘했다.

어느 모임에 가나 젊은 세대요, 일꾼이었던 내가 어찌어찌 세월을 보내다 보니 이제는 한 모임에서 최고의 연장자가 되다니!

참으로 눈물 날이다.

크게 이루어 놓은 것도 없으면서 이렇게 나이만 겁없이 먹었으니 오호, 통제라! 인생무상이어라!

밤에 동산에 올라 달 보고 울 일이어라!

아! 흘러간 세월을 보며 지나간 세월이라는 열차를 보고 울어야 할까? 아니면 그래도 반 정도 남은 나의 인생의 시간을 이왕이면 멋지게, 화려하게 덜 후회하면서 살까?

잠시 번개처럼 생각했다. 좌우간 어쨌든 인생무상!

세월은 참 빠르다.

고목

머리에 여러 생각이 오간다.

사람이란 나이가 들수록 많은 인생의 시간을 보냈기에 좀 더 현명해지고 어느 부분에서는 똑똑해져야 원칙일 것 같은데 주변의 여러 사람을 대하다 보면 인간적인 실망을 할 때가 많다.

이전의 화려했던 시절의 잔재를 계속 우려먹는 사람, 직책의 뒤에 숨어 전혀 자신의 관리에는 발전이 없는 사람, 술이나 골프 등 즐길 수 있는 시간에 너무 빠져 버리는 사람, 자신의 새로운 발전을 위해 노력하지 않기에 볼수록 작아지고 좁아지는 사람 등 인간은 결국 늙는다. 늙어 가기에 서러울 수밖에 없는 것이 인간이다.

시간이 갈수록 여유롭고 지혜로워야 할 텐데 하나의 나무가 오랜 세월을 비바람과 해충의 역경을 견딘 나무가 보기에도 그런듯한 나무가 되는 거지, 작은 비나 바람에도 여러가지 해충의 공격에도 견디어 내지 못하면 결국은 보잘것없는 잡목으로 생을 끝내리라.

많은 세월을 보내고 비바람과 여러 역경을 당당히 넘기고 의연하고 늠름하게 서 있는 멋진 고목이 되기 위해서는 지혜로운 현명함이 몸에 배어있어야 하리, 이 세상에 쉬운 것이 무엇이랴?

모든 것은 결과에 따른 과정에 어떤 대가를 요구한다. 그 과정을 슬기롭게 넘길 줄 알아야 그래도 작든 크든 어떤 결과에 도달한다. 쉽고 재미있는 것은 설탕이 충치를 부르듯이 나쁜 결과를 부른다.

작은 노력이나 고통이 싫기도 하고, 귀찮아 지기도 하며 어떤 경우에는 두렵기에 우선 편하고 쉬운 쪽을 선택해 자신을 그르친 사람이 얼마나 많은가?

나이를 먹어간다는 것은 좀 더 현명한 판단을 할 수 있다는 것이 아닐까? 생각한다. 젊음과의 경쟁에서 힘으로 대적할 수는 없는 것, 그동안의 세월의 흐름 속에서 얻은 여러 가지의 경험을 토대로 내릴 수 있는 판단의 선택이 자신을 빛내게 할 수 있지 않을까?

앞으로의 세월들은 어떻게 세상을 보고 어떤 현명한 판단과 행동이 나를 많은 고난과 역경을 헤치고서 황금빛으로 천지를 덮는 석양의 아름다움을 배경으로 오뚝이 서서 그 모습 빛날 수 있는 고목으로 가는 삶의 시간인가를 생각해 본다.

봄이 오는 개울

2월 2일

아직 겨울인데도 스마트 폰을 보니 이 지역 온도가 섭씨 20도다. 너무나 화창한 날씨라 3일째 집나간 강아지 3마리를 빼고 4마리의 개를 데리고 백운산에서 흐른 맑은 물이 함양 읍내까지 흐르는 개울을 따라 걸었다.

개울로 내려가기 전, 연못을 지날 때 이상한 소리가 들려 양지 바른쪽에 있는 웅덩이를 보니 벌써 개구리들이 땅속에서 나왔나? 무리지어 헤엄을 치고 있다.

올 겨울은 빨리 끝나려 하는가 보다. 2월 초에 벌써 개구리가 나오다니! 개울가의 뚝을 걸으며 물을 보니 얼음이 있는 곳이 한 곳도 없다.

며칠 전에도 보였던 얼음이 벌써 다 녹았다. 하기야 농장안의 땅도 다 녹아서 닭과 오리에게 먹이를 주러갈 때 신발에 진흙이 묻어 묵직함을 느껴으니 지나가는 운동하는 사람에게 사진을 한장 찍어 달라했다.

봄 냄새가 물씬 나도록 가볍게 입었지만 30분 이상 걸어가니 쉴 수 있는 정자까지 오니 여름인듯 땀이 몸에 배어온다.

정자에 앉아 주변을 보니 날씨는 완전 봄날이다. 봄이 다온 것 같아도 혹독한 추위는 아직도 한두 번 남았으리, 허나 추위가 한두 번 남아 있으면 어쩌리…….

이 따뜻한 날에 한가롭게 정자에 앉아서 시원한 산들바람을 얼굴에 느끼며 기분좋게 스마트 폰으로 글을 쓸 수 있어서 좋다.

겨울속에 따스한 봄날이다.

글을 쓰고 있는 내 옆에서 놀던 강아지도 좀 지루한 듯 낑낑된다.

슬슬 일어나 신선한 봄바람 속으로 강아지들과 같이 천천히 따스한 봄날을 즐기면서 좋아하는 가곡 몇 곡을 흐르는 냇물과 부는 바람에게 들려주고 싶다.

연습

임권묵 교수에게 성악 레슨 중이다.

성악을 한지 몇 년 안 되었기에 수시로 발성을 연습하고 교정하지 않으면 안 된다.

무대에 서려면 보이지 않게 부단한 노력을 하지 않으면 실력의 향상된 모습을 보일 수 없다.

우리 모두 인생의 무대에서 각자가 모두 하나의 주인공 아닌가?

노력 없이 얻을 수 있는 것이 무엇일까? 분명 어떤 타고난 행운도 있지만 대부분 삶의 시간은 노력해도 어려운 것이 현실 아닐까?

산다는 것 자체는 많은 고행의 시간이 아닌가? 비록 삶이 고달파도 때로는 외롭고 힘들더라도 좀 참고 견디며 한 90살이 넘어서라도 아름다운 강가를 누군가와 걸으며 감성적인 가곡을 부를 정도로 살기 위해 오늘도 보이지 않지만 나름대로 노력하고 가는 시간을 갖는 것이다.

개똥 치우는 팔자

며칠 만에 들어간 농장,

개들이 자기들 마음대로 다니면서 말썽을 피우면 안 되기에 개들의 구심점이 될 수 있는 한 마리를 묶어놓아 일부는 같이 놀게 하였다.

예상이 적중하여 개들이 주인이 없으면 집단 가출로 노는 강아지 무리, 묶인 개하고 노는 무리, 두 패로 나누어진다.

며칠 만에 가니 가출 패는 몇 명이 같이 나가 들어오지 않았고 묶여있어서 억지 충성이지만 충성파 강아지 5마리가 나를 반긴다.

내가 제일 먼저 하는 일은 묶여있는 충성파 강아지의 똥을 치우고 새로운 물을 따다 받치는 일을 한다. 똥 싸는 개가 주인인지? 쌓아진 개똥 치우고 새물떠다 받치는 내가 주인인지? 간혹 헷갈린다.

강아지가 주인이든 내가 하인이든 어떠리, 보면 서로 아무런 사심 없이 반가워 하니 그 반가운 마음만 즐기면 되지 않을까?

5장 시간속의 마음

흐르는 시간 속에 좋은 점은 기억하고, 나쁜 점은 흐르는 시간 속에 띄워 보내고 삶의 시간을 부드러운 커피를 즐기듯이 입가에 미소를 지며 보낸다.

장기판

생각해본다.

인생을 장기판으로 본다면 어떤 수를 잘못 읽고 멍청한 행마를 해서 스스로 답답한 결과를 초래하지 않았나? 생각한다.

모든 일에는 원인이 있기에 결과가 있는 것 아닌가?

나름대로는 열심히 달려 왔다고 생각하지만 그 무모하다시피 오로지 정상만 보고 달렸기에 분명 후회할 부분은 많다.

길가에 피워있는 아름다운 꽃들이 주는 즐거움과 불어오는 바람의 고마움을 모른 채 정상도 못 가고 힘이 빠져 맥이 풀려 있는 처지가 아닌가? 생각한다.

아직은 갈 길이 멀기에…….

풀어진 몸을 추스르고 다시 한 번 호흡을 하고 이젠 좀 멀리 보는 안목과 식견으로 되도록 후회가 적은 인생의 길을 위해서 장기판 같은 인생에서 바른 선택의 수를 위해 고심해 한다.

시간 속의 마음

나는 되도록 내 마음이 평정심을 갖고 생활하길 노력한다.

기쁘면 즐거워하고 고통스럽거나, 괴롭거나, 슬프거나, 외롭고 힘들어도 입가에 잔잔한 미소를 띠는 여유를 갖고 살기 위해 노력한다.

힘들더라도, 어렵더라도, 눈물이 나도, 웃음이 나고 즐겁더라도 어차피 우리가 가진 시간은 흐른다.

모든 사물에는 명암이 있는 것, 빛이 밝을수록 그 그림자는 더 어두울 수 있는 것 아닌가? 강한 힘만이 사물을 지배하지는 않는다. 때로는 부드러움이 강할 수 있다. 철이 강하지만 그 강한 철을 물로 자른다 한다.

흐르는 시간 속에 좋은 점은 기억하고, 나쁜 점은 흐르는 시간 속에 띄워 보내고 삶의 시간을 부드러운 커피를 즐기듯이 입가에 미소를 지며 보낸다.

시간은 하늘에 흐르는 구름과 같이 흐르고 있더라.

삶의 의미

간혹 나에게 묻는다.

뭘 원하며 살아갈 것이냐? 고 내 몸은 나이가 들수록 편하고 안락한 삶을 마음 맞는 친구 같은 좋은 여인과 여가와 여행이나 하는 즐거울 수 있는 삶의 시간을 몸과 마음은 찾지만 꼭 그런 삶의 시간만이 꼭 행복할까 하는 생각을 해본다.

좋은 짝과 좋은 친구들과 잘 먹고 잘 살았다! 노 귀결되는 삶의 시간만이 내가 바라는 인생의 시간인가? 라고 문득 생각해 본다.

수평선 너머를 보며 내가 원하는 삶의 의미는 무엇인가를 깊이 생각한다.

술

한잔 술이 즐겁다.

철이 들기부터 마시기 시작은 술, 40여 년을 줄기차게 며칠 쉬지도 않고 많이 마셨다. 나의 기대 수명은 120살이다. 120살까지 건강하게 살 수 있다면 그때까지 무리하지 않게 마시고 싶다.

낮에는 술을 마시지 않는 습관을 가진 나는 저녁의 시간에 한잔 술을 하며 친구나 거래 관계나 여인이나 여러 모임의 회원들과 즐겁게 마실 수 있음을 즐거워한다.

내가 술을 마시는 원칙은 즐겁지 않으면 마시지 않고, 또 마실 때는 '즐거워하면서 마시자'다.

술이 빠진다면 인생이 매우 싱거울 것 같다. 그렇다고 고주망태가 될 때까지 부어라 마셔라가 아닌, 내가 나 자신을 추스를 수 있을 정도까지만 마신다. 그리했기에 아직도 술 때문에 일어났던 실수는 기억에 없을 정도다.

술 인심도 괜찮은 편이다. 얻어먹은 술보다 사준 술이 많고 농장에 1,000병이 넘는 술을 쌓아놓고 10여 년 동안 농장에 찾아온 손님에게 원하는 만큼 마시게 했다. 술대접 10여 년이 지났지만 아직도 농장의 창고에는 몇백 병 정도의 술이 남아있다.

어느 인연이 있는 분들이 앞으로 안주를 갖고 와 나와 술을 즐길까 기대된다. 흐르는 세월따라 육체적인 나이가 흘러 예전의 절반 수준으로 떨어진 체력 때문에 어떻게 체력을 잘 관리해 100살이 넘도록 술을 즐길 수 있을까? 가 나에게 닥친 문제다. 이 문제를 현명하게 풀어 100살이 넘어도 술을 즐길 생각이다.

오늘 밤에도 어느 모임에서 약속된 술자리, 어떻게 현명하고 즐겁게 마셔서 마음도 즐겁고 몸도 좋은 두 마리의 토끼를 잡을까? 생각 중이다.

인생

현실이 어떨지라도 고통의 시간이 길더라도 많은 땀을 흘려야 하는 높은 산의 산행이더라도 불어오는 바람의 시원함을 느낄 시간은 있다.

인생이 고행의 연속이라 해도 삶의 항해가 끊임없이 오는 파도를 넘고 진행되는 여정이더라도 즐거워 할 수 있는 시간은 있는 것.

어려움의 시간은 어려워하더라도 짧더라도 기쁘고 즐겁게 보낼 시간이 옆에 왔을 때는 진정으로 즐거워하며 즐기자!

우리의 인생 천 년 갈 것은 아니지 않은가?

봄은 왔다

계룡산의 장군봉이 보인다.

아직은 벚꽃이 멀었는지 몽우리만 맺혀 있을 뿐 아직도 겨울의 잔재를 느낄 수 있다.

사람이란 흐르는 세월을 뒤로 하고 앞으로 가는 존재인가 보다. 추웠던 겨울은 기억이 없고, 벚나무를 보니 환하게 꽃이 피어 그 아래 걷는 날의 즐거움이 떠오르니 아무리 큰 고통이더라도 세월이 가면 잊히고 즐거움의 기억만 남으리라. 이 맛에 인생을 사나 싶다.

누구라도 산다는 것은 기쁨과 슬픔의 비빔밥, 오묘한 맛을 맛보고 사는 게 아닌가? 하기에 슬픔이나 고통 속에서도 기쁨이나 내일을 살아갈, 아니 맞이할 원동력을 얻는 것이 아닐까? 한다. 흰 구름 떠가는 하늘과 그 아래 장군봉을 보며 아직은 앙상하지만, 그 꽃 피어 환하게 주변을 바꾸어 줄 나무를 보며 무르익을 봄날을 그려 본다. 봄은 왔다.

인간의 보람

내가 즐길 수 있는 일을 한다는 것은 행복이다.

언젠가는 멈출 수밖에 없는 열차를 타고 가는 삶, 살아가기 위하여 무엇인가를 이루기 위해 갈고 닦고 나를 다지며 이를 악물고, 전진을 향해 나가며 무엇인가에 쫓기며 살아갈 수밖에 없는 인생에서 진정으로 내가 좋아할 수 있는 시간을 갖는다는 것은 삶의 땀을 식히는 한줄기 신선한 바람이리라.

잘하면 어떻고~

좀 못 하면 어떡하리~

이렇게 즐길 수 있음은 즐거움이리라.

내가 진정으로 즐길 수 있고 나의 영혼이 즐거워하는 시간을 갖음은 인간의 보람이리…….

이 보람을 즐거워한다.

병아리

농장에서 넓은 망을 치고 방사해서 키우는 닭에게 먹이를 주려고 철조망 문을 열고 먹이를 준 다음에 혹 알 낳는 곳 말고 간혹 수풀 사이에 알을 낳는 닭이 있기에 철조망 안을 둘러보는데 무리를 짓지 않고 혼자 다니는 닭이 있어 '왜? 그러지' 하고 유심히 보니 닭의 옆에 작은 병아리가 세 마리나 어미 닭을 따라다닌다.

얼마 전에 수풀에서 닭이 알을 품고 있기에 알을 꺼낼까? 하다 열댓 개 달걀 안 먹은 셈치고 그냥 두었던 닭이 그 중에서 세 마리의 병아리를 깠나 보다! 신비로웠다.

이 농장을 사서 내 나름의 용도로 관리했고 그중 하나로 닭이나 오리, 거위 등을 키웠지만 봄에 사서 풀어놓고 키우다 겨울날에 친구나 지인을 불러 맛있게 잡아 먹었었는데…….

혹! 알 낳는 닭이 몇 마리 있더라도 관리인을 통해 철저히 거둬 알을 나름대로 먹거나 누굴 주었었다.

오랜만에 농장에서 출생한 생명 잘 크게 해야지! 하는 생각이 드는 순간 까치가 몇 마리 보인다. 까치를 보는 순간 '아차!' 하는 생각이 들어 빠른 걸음으로 본관 안으로 들어가 공기총을 들고 나왔다.

몇 년 전에 토종 병아리 열댓 마리를 사다 키운 적이 있는데 다 죽었었다. 원인은 까치들이 몰려와 병아리 머리를 쪼고 잡아 먹는 게 아닌가! 그때 까치가 어린 병아리를 잡아먹는 걸 알았다.

똑똑한 까치라 숨어서 총을 쏘면 피했다. 조금 후에 정찰병이 오고 정찰병에게도 공기총을 쏘면 도망가고 한참 후에 또 정찰병이 살피러 오면 그 정찰병 까치에게도 총을 쏘면 똑똑한 까치들은 '이곳은 무서운 지역이다.' 생각하고 안 오기에 차례대로 공기총을 쏘아 까치를 쫓아냈다.

이 모습을 보고 있던 농장에 같이 간 지인이 옆에서 하는 말, '이 병아리는 살 거에요' 한다. '왜?' 하고 물으니 '어미가 품어서 낳은 병아리는 어미가 보호해서 안전하게 키울 것입니다.' 라고 한다.

그 이야기를 듣자,

아! 맞는 말이다. 생각이 번개처럼 머리를 스친다.

예전의 병아리는 병아리로 사놓았기에 그 누구도 보호하질 안

했지만 지금 이 병아리들은 보호하는 강력한 어미 닭이 있는 게 아닌가! 어미 닭의 보호 아래 무사히 크길 바랐다.

그래도 까치가 날아간 쪽을 향해 공기총을 몇 방 쏘았다.

마무리로 연못 쪽으로 가다 보니 철조망에 작은 강아지만한 황소개구리가 철조망 안의 연못에 들어가려다가 앞다리는 통과되고 뒷다리는 너무 커서 통과할 수 없어 발버둥 치다 그대로 미라가 되어 있었다. 꺼내서 보관하려 했지만 철망을 자르지 않고는 꺼낼 수 없기에 철망을 자르기 싫어 당분간 그대로 놓기로 했다. 숨기의 명인인 황소개구리들에게 철망 통과 때 조심하라는 경고의 상징물처럼…….

벌써 연못에는 떨어져서 날아온 봄꽃의 잎들이 많이 떨어져 있었다. 피자마자 떨어져 연못 위에 바람따라 흐르는 꽃잎들…… 피었다 지는 것은 꽃의 마음인가? 시간의 마음인가? 잠시 생각해 보았다.

여행

혼자 여행을 나선다.

삼 일간의 홀로 여행이다. 차가운 봄바람에 활짝 핀 벚꽃잎 날리는 밤의 벚꽃 아래 달린다. 불빛 아래 흐드러지게 핀 흰 꽃들, 봄의 환희보다 왠지 애처롭다.

혼자라는 것은 외로울 수도 있지마는 자유와 창조를 상징한다. 혼자였기에 나를 돌아볼 수도, 나의 영혼을 바라볼 수도, 나의 자취를 뒤돌아 보며 반성과 후회의 눈물도 흘릴 수 있다.

나를 그대로 바라볼 수 있는 혼자 만의 시간, 어떤 인간에게도 필요 한 시간이리라. 혼자이어야 만 사랑도 할 수 있는 것, 그 대상이 여인이던, 자신이던, 타인이던, 노력의 기본이던, 내면의 무르익음은 혼자의 시간의 처리 능력이리라.

봄바람 세차게 부는 밤에 차량의 불빛만 고요히 불을 밝히는 조용한 산길을 택해 날리는 꽃잎 속에 혼자 길을 달린다.

또 다른 무엇에 대한 한 걸음 더 나가기 위해.

의리의 사나이

대전 가는 길,

이번 주는 내가 회장인 모임이 두 곳, 목요일은 서울 공연, 금요일은 농장에 손님 몇 분 올 예정이라 좀 바쁜 일정이다.

나는 나를 좀 바쁘게 한다.

하기에 한가한 시간이 별로 없다. 바쁜 속에서 한가함을 찾는 편이다. 주변이 아무리 바쁘고 어렵게 흐르더라도 빵집에 불난 듯이 정신없이 바쁘더라도 마음의 평정심을 갖고자 한다.

세찬 인생의 바람이 나를 크게 흔들더라도 별 마음에 흔들림 없는 묵직한 존재로 나를 가꾸고자 한다. 바쁨 속에 꽃의 아름다움도 볼 수 있는 마음의 여유를 누리고자 한다.

십여 년 전에 헤어진 여인도 간혹 연락도 하며 차 한잔도 아무 관계 없이 순수한 마음에 사고 얻어 마실 수 있는 것 아닌가! 그 여인들의 말이 세월이 흘러갈수록 좋은 사람으로 느껴진다고 한다.

누구나 쉽게 인연을 맺고 싶은 마음은 없고, 한번 맺은 인연은 그 소중함을 알며 음으로나 양으로도 항시 그 상대가 잘 되기를 바라는 마음 크다. 그래서 나하고 새롭게 인연을 맺는 모든 사람들에게 속으로 자신 있게 말한다.

나를 아는 것은 좋은 보험 든 것보다 좋은 거라고!

상대의 좋은 이익이 있길 바라는 의리의 사나이이기에 복 만난 거라고.

나는 카우보이

나는 농장에서 카우보이 복장으로 있기를 좋아한다.

넓은 황야를 소 떼를 몰고 몇 달씩 생활한다는 서부의 카우보이, 거친 환경 속에서 오로지 전진을 위해 어떤 어려움도 헤치고 나갈 수밖에 없었던 그들의 생활.

비 온다고, 눈 온다고, 강이 넓다고, 춥다고, 덥다고, 뱀이 많다고,

자신들을 노리는 인디언이 있다고, 끝없는 장애물이 있더라도 자기 혼자 많이 가는 길이 아닌 동료들과 같이 호흡하며 많은 소 떼를 몰고 목적지까지 가는 거친 환경을 이겨내지 의지.

그 의지력과 모험심,

역경을 이겨내려는 정신,

어떤 도전에도 두려워하지 않는 용기, 이런 것들을 나의 인생이 끝나는 그 날까지 굳힐 줄 모르는 용기를 지닌 나로 살고자 하기에 아무리 나이가 들더라도 도전의 용기를 갖고 순수한 마음으로 자연을 보며 넓은 황야를 마음껏 품는 넓은 마음의 사나이로 아무리 현실이 어렵더라도 입가에 미소를 띄우고 있는 인물로 살려고 한다.

많은 것이 모든 것을 초월한 듯한 이 나이에 와서도 두려운 것도 많다. 이런 것들을 무서워하지 않는 진정한 용기를 가진 사람이 되고싶다.

무엇이 단지 도전할 때는 도전하는 순수한 거침을 죽을 때까지 지니고 사는 카우보이 같은 사람으로 살려 한다.

내 마음은 거친 황야를 말 달리는 카우보이다.

순수한 열정을 갖고 사는 카우보이다.

멍청한 사나이 1

밤 3시까지 마음껏 마시다 집에 오니 새벽 4시.

술 많이 마시고 왜 이렇게 늦게 오냐고 잔소리 할 여인도 없으니 이렇게 늦게까지 마시다 온종일 해롱해롱 한다.

오후 3시에 하는 성악 공부에 날 사사하던 지도교수 왈 "아이고~ 오늘은 목소리도 집중도 안 되니 끝냅시다. 힘들어라!" 한다.

육십이 넘은 나이에 아직도 청춘처럼 밤 3시까지 먹고 마시고 다니는 나는 체력이 좋은 건가? 기분이 자유로운 사나이인가? 날 보고 뭐라 할 사람이 없어 선가? 여인에게 자유로워 선가? 멍청해서인가?

아~ 나는 멍청한 사나이.

멍청한 사나이 2

친구가 청국장 잘하는 곳이 있는데 밥 한 그릇 산다고 나오라 한다.

지인 몇 사람에게 청국장 잘하는 곳이 있다는데 점심 먹으러 가자고 해서 둘을 차에 태워 청국장 잘한다는 식당에 갔다.

맛있게 잘 먹었다.

냄새도 많이 안 나고 곁들이는 반찬도 많이 나왔다.

점심값은 기분 좋아 내가 냈다.

멍청한 사나이 3

대전 예술의 전당에서 우금티 마당극 '쪽빛 황혼'을 봤다.

간단한 노인의 문제를 다룬 마당극이었다. 평범한 내용이었지만 내용보다는 마당극 특유의 관객과 연기자가 함께 어우러지고 춤과 우리의 소리가 같이 호흡하는 무대였다.

고려 시대의 고려장과 고향을 떠난 노인들의 애환과 돌아온 노부부가 당산나무 아래 삶을 마감할 때까지를 그린 너무나 평범하다 못해 낡은 마당극이었지만 노인들의 외로움과 슬픔, 삶의 덧없음, 지금은 없는 할머니와 아버지, 어머니를 그려보았고 늙는다는 서러움과 노인들의 슬픔에 동감하여 눈시울을 붉혔다.

아무것도 아닌 내용의 마당극에 남몰래, 아니 남이 볼세라 흘린 눈물을 감추는 나는 멍청한 사나이가 맞은 것 아닌가?

멍청한 사나이 4

개울 낀 사만 평이 넘는 산을 하나 갖고 있다.

농부라면 마음껏 여러 가지 작물을 재배할 수 있지만 농사하고는 담을 쌓고 살았던 나는 보고 즐기는 용도로 사용한다.

모든 것을 잊고 작은 욕심을 버리고 산에 묻혀 자연 속에서 살고 싶은 생각도 많이 들지만 밖의 일도 쉽게 정리가 안 되고 아직은 다 식지 않은 그 무엇에 대한 열정의 불꽃이 가슴에서 타오르고 있음을 알고 있다.

산다는 것이 별거랴! 나름대로 나의 색깔을 갖고 어떤 변화의 바람이 불어도 그 바람을 살고 있기 때문에 느낄 수 있음을 알고 거센 바람이나 태풍을 귓가에 부는 산들바람으로 여기며 살고 그 바람이 너무 커서 내가 견딜 수 없는 바람이라면 바람 타고 날아가면 어떠할까?

넘길 만하면 넘기고 도저히 견딜 수 없으면 쓰러지면 되는 것 또 한 인생 일진데 가꾸어진 어여쁜 꽃만 꽃인가? 길가에 마음대로 피어있는 꽃인지 들풀인지 모르는 잡초 같은 꽃에도 아름다움은 있는 것, 어느 사람은 묻는다. 산을 갖고 있으면서 가꾸지 않으면 그 또 한 죄라고!

참, 모르는 소리! 나도 나의 농장을 잘 가꾸고 싶지만 땅을 잘 보기 좋게 가꾸려면 얼마나 많은 땀과 노력 그리고 처절한 인내의 시간을 요구하는 고됨의 연속이며 편하게 농촌의 생활을 하려면 모든 일을 남에게 시켜야 하는 재벌 수준의 큰 비용을 감수해야 한다.

아니면 나처럼 풀이 자라면 어떻고 꽃이 피면 어떠리~ 하는 마음 편한 마음과 시각을 갖고 살면 된다.

많은 걱정을 하면서도 마음 편히 먹고 살려 하는 나는 멍청이인가?

멍청한 사나이 5

곶감도 아닌 내가 호랑이 타고 마음은 나른다.

세상사 별거랴! 세발 자전거든, 자가용이거던, 여인이든, 호랑이거든, 무엇이든 타고 즐거워하며 꿈을 꿀 수 있음은 사는 맛 아니랴.

모형 호랑이 타고 즐거워할 수 있는 나는 아직은 그 무언가를 꿈꿀 수 있는 사나이. 멋진 사나이인가?

아직 술에 덜 깬 멍청한 사나이인가!

멍청한 사나이 6

카페 모카를 한잔 사서 옆에 두고 그 감미롭고 달콤하고 부드럽고 쌉쌀한 맛에 취한다.

세상에 마음이 취할 수 있는 맛도 있지만 한잔의 커피가 주는 맛, 그 맛도 인생의 맛이라!

살아가면서 차 한잔이 주는 맛에 마음 마저 한순간 황홀해하는 나는 멍청한 사나이인가 하여라!

6장 욕심이 적으면

앞으로 남은 날들을 죽기 살기로 뛸 것이다. 몸무게가 확 줄은 시장 후보를 보며 마시고 싶은 술, 마음껏 마시고 눕고 쉬우면 누울 수 있는 내 팔자가 더 좋은 팔자여~ 하며 웃었다. 욕심이 좀 적으면 편 한 것이 인생이더라.

야생이 살아있는 농장에서

나의 농장, 여름이 찾아온 농장이다. 겨울의 삭막함은 먼 날의 이야기 인양 푸름으로 흘러넘친다. 산 비둘기 와서 울다 가고 농장의 산길을 걷다 보면 꿩이 '푸드덕'하고 날고 낮에도 뻐꾸기가 하염없이 울고 덩달아 소쩍새도 울고 이름 모를 새들은 하늘을 날며 농장 안의 여름꽃들은 바람에 산들거 리고 있으니 농장 안을 산책하고 흘린 땀을 샤워로 씻어내고 창 넓은 창가에서 시원한 음료수 한잔 마시고 하늘에 무심히 흐르는 흰 구름 보니 이 또 한 사는 맛의 하나다.

이렇게 천천히 휴식 즐기다 저녁에 나를 찾아온 반가운 지인과 술 한잔을 하며 인생을 이야기하다 취한 눈으로 별을 더욱 잘 것이다.

삶, 많은 욕심 가져야 무엇하랴! 이리이리 살다가 가면 될 것 아닌가.

마음을 넓게 하자

샤브샤브 전문 식당에 가서 월남식 샤브샤브에 소주를 곁들여 한잔했다.

월남식 샤브샤브를 먹으면서 우리의 상추쌈과는 다른 채소를 보기 좋고 맛있게 먹는 식사 방법에 가볍게 감탄한다 좋은 것은 자연스럽게 받아 드리게 된다. 좋은 것을 받아 드리지 못하며 개인은 행복이 없어지고 조직은 망하고 국가는 창피한 나라가 된다.

우리 것만 최고여! 하는 못난 바보 같은 사람도 우리 주변에 많다. 그러기에 지금도 상투를 틀고 옛 생활을 하는 사람도 있지만 나는 절대 반대다. 미안하지만 그런 분이 우리 나라에 많으면 우리 국가는 끝이다. 라고 생각하는 사람 중 하나다.

박정희 대통령 시절에 전쟁에서 진 월남이 망했다고 얼마나 매스컴에서 말했던가? 과연 월남이 망했나?

약자는 강자에게 지게 되어있다. 그럼 강자는 무엇을 말하는가? 나의 견해는 끝없이 새로운 것을 받아드리며 조금이라도 자신을 성장시키는 개인이나 조직, 국가가 강하다 본다. 내 것만 최고다 하는 좁은 생각으로 살아가면서 조금만 다른 표현을 한다고 빨갱이 운운하며 가스통으로 위협을 하며, 다른 생각과 사고를 받아들이지 못하면 나치의 선민사상이나 일본 군국주의의 사상 그리고 공산국가의 맹주 소련의 사상처럼 결국 많은 희생을 하고 쓰러지고 말았다.

미국을 보자. 개인의 자유를 우리가 이해 못 할 정도를 주는 나라, 법만 지키며 뭘 해도 되는 나라이기에 그렇게 많은 총기 사고에 많은 사람이 희생되어도 우리 같으면 멍청하다 못해 바보 국가처럼 지금도 총기를 규제하지 않는 멍청한 듯한 국가가 강한 국가가 아닌가?

통제 많이 한 국가는 벌써 다 망했고 망해가고 있는 것 아닌가? 다양한 채소를 동그란 것에 쌓아서 몇 가지 소스를 넣어 먹는 맛, 월남식 샤브샤브의 맛, 많은 다양한 채소를 넣어 먹는 맛, 많은 것을 넣으려면 그것들을 감싸는 재료가 넓어야 하는 것, 결국 우리도 많은 인생의 묘미를 맛보려면 그의 가슴이 넓어야 하는 법이다.

우리 다른 어떤 일보다 행복을 위해서라면 좀 더 깊은 인생을 살고 싶으면 지금 당장부터 일어나 깊은 심호흡부터 시작하여 가슴을 키우자.

배신

인간은 여러 배신을 경험한다.

사랑의 배신, 미움의 배신, 이익의 배신, 인간이기에 정신이나 물질의 만족 때문에 기존의 현실을 자기나 그 무엇의 이익을 위해 버린다.

그것을 반대의 처지에서 보면 배신이라는 단어를 쓸 수 있다. 배신은 삼자적인 처지에서 보면 나쁘다고 할 수는 없다고 본다.

어떤 이익을 위해 나를 배신 한 직원의 행동을 보며 그 인물이 미워지지만 그의 이익을 위한 선택이라 생각하며 반대의 입장의 나로서는 현명한 판단과 대처로 피해를 최소화 시키고 다시금 이러한 상황을 만들지 않기 위하여 이 일을 통한 교훈이 무엇인지 생각해본다.

여러 생각을 하며 걷는 밤의 도심에는 바람 거세게 분다.

그래! 바람 없는 삶이 어디 있으랴?

바람불어 좋은 것 아닌가?

지금은 좀 괴롭더라도 훗날에는 이런 자잘한 바람이 날 좀 더 살맛 나게 한 바람이겠지.

꼬마친구

코리아 시 낭송 작가협회 동문회 모임을 했다.

시와 음악을 좋아하는 마음을 가진 분들이 한달에 한번 매주 첫째 주 화요일 저녁에 모여 시와 노래를 발표도 하고 회원 간에 유대도 돈독히 하자는 자리였다.

이 자리에 한 회원이 딸을 데리고 왔다. 이 꼬마 아가씨는 예쁘기도 하고 밝고 명랑한 깜찍한 꼬마였다. 내가 마음에 들었는지 껌도 갖다 주고 간혹 내 옆에 와서 귀여운 재롱을 부리고 간다.

모임을 끝낸 후 밖에서 사람을 기다리고 있는데 이 꼬마 친구 엄마가 사람들과 대화를 하고 있기에 내 옆에 와서 옆에서 맴돈다. 내 옆의 의자에 올라와 놀다가 넘어져 나를 놀래키더니 조금 후에 울음을 멈추고 또 내 옆에 온다.

내가 꼬마에 물었다. "꼬마 친구 내가 좋아?" 고객을 끄떡인다. "우리 친구다!" 또 끄떡인다. 나도 이 적은 꼬맹이 친구가 아주 사랑스러워졌다.

친구란 무엇인가?

나이를 떠나서 무엇인가 마음이 통할 수 있는 교류가 아닌가! 귀엽고 사랑스러운 꼬마 친구와 친구 인증 사진을 찍고 아쉽게 헤어졌다.

"안녕~ 내 꼬마 친구 다음에 보자, 그동안 어린이집에서 잘 놀아라"

욕심이 적으면

한 모임의 회원으로 절친히 지낸 '권선택' 대전시장 후보의 선거 캠프에 가서 우리 회원들이 힘내고 열심히 뛰라고 응원을 하고 왔다.

선거일을 20일 정도 앞두고 뛰는 심정은 말 안 해도 알 수 있었다. 그 좋아하던 술도 마시지 않은지 몇 달 되었단다. 비장한 마음을 알 수 있었다. 그 각오로 좋은 결과가 있기를 바랬다.

많은 시민을 위해 내 한 몸 받치리라 하고 열심히 뛰고 있는 그에게 그 소탈함이 있는 품성으로 많은 사람의 지지로 좋은 결과를 꼭 있기를 바라면서 크게 파이팅을 외치고 사무실에서 나왔다.

앞으로 남은 날들을 죽기 살기로 뛸 것이다. 몸무게가 확 줄은 시장 후보를 보며 마시고 싶은 술, 마음껏 마시고 눕고 쉬우면 누울 수 있는 내 팔자가 더 좋은 팔자여~ 하며 웃었다.

욕심이 좀 적으면 편 한 것이 인생이더라.

개 두 마리

농장 안을 거칠게 소리를 지르며 헤맸다.

천 평의 넓이에 쳐놓은 철망의 안을 휘어젔고 다녔다. 혹시 허리 가까이 자란 풀 속에 숨어있을 개 두 마리를 찾아내 철조망 밖으로 몰아내기 위해서 였지만 결국 찾지 못했다.

하루라도 빨리 철조망 안에서 닭, 오리, 칠면조를 사냥하고 있는 개를 찾아야 철망 안에 다시 토종닭이나 오리 등을 넣고 키울 수 있기 때문이다.

며칠 만에 농장에 들어와서 닭들에게 모이를 주려다 깜짝 놀랐다. 평소에 내가 농장에 들어와 먹이를 주려면 몰려오던 닭이 한 마리도 보이지 않고, 모이지 않기에 큰 소리로 부르고 주변을 자세히 살피니 닭장 옆에 토끼가 죽어있는 것이 보인다.

무슨 일이 일어났구나! 생각하고 닭들을 놓아 키우는 곳의 문을 열고 들어갔다.

문은 잠겨 있기에 별 이상은 없겠지 하고 사방을 헤매고 다니다 보니 이곳 저곳에 닭과 오리, 칠면조, 토끼의 사체가 보인다. 어째서 이런 일이 일어났나? 생각하며 울안에 연못 쪽을 보니 아뿔싸!

밖에 풀어놓고 키우는 개 두 마리가 연못 쪽에서 나를 보더니 잘못을 저지른 것을 느꼈는지 슬슬 철조망 쪽으로 도망간다.

큰 소리로 부르니 큰 풀 속으로 숨어버린다. 내가 농장에 없을 때 나 몰래 알을 꺼내먹는 나쁜 버릇이 있는 옆에 농사 짓는 아줌마가 닭 방사장에 알 꺼내려고 문 열고 들어가다 따라 들어오는 개를 미처 발견 못 하고 알을 꺼내고 문을 잠갔으니 그 안에 들어간 개 두 마리는 며칠 동안 맹수의 본능으로 토끼도 닭도 오리도 마음대로 죽이고 일부는 먹었으니 이 일을 어찌할까?

옆 아주머니는 몇 년 전에도 이와 비슷한 일을 저질러 나 없더라도 절대 내 농장에는 들어오지 말라 했건만 농장에서 나오는 약수가 좋아

물 길러가는 핑계로 간혹 오는데 약수를 막아버릴까 생각하지만 너무 좁은 생각 같고 죽은 닭, 오리, 칠면조, 토끼 값을 물어내라고 하면 인간의 기본적인 품성이 없는 그들이 십 원이라도 손해나면 개거품을 무는 그 부부가 옆에서 얼마나 평생 나를 욕하고 씹을까? 하는 생각에 그 부부한테 가서 내가 없더라도 절대 내 집에는 들어오지 말라고 하면서 이번엔 그냥 참는다만 물도 호스로 밖에 설치할 테니 내 농장에 절대로 들어오지 말라고 경고하였다.

뭐라고 핑계를 대는 소리를 뒤로 했다. 사람은 절대로 이웃하기 싫은 사람이 있는데 이 산속에서 저런 사람이 이웃이라니 벌써 몇 번의 피해인가? 법대로 처리하고 평생 욕먹고 살까? 오~ 신이여!

너무 성질이 나서 개 두 마리를 찾아 혼내려고 공기총까지 들고 풀 속을 뒤졌으나 감쪽같이 숨어 찾을 수 없었다.

개 두 마리를 찾아 밖으로 쫓아내야만 다시 여러 짐승을 사다 철망 안에 풀어 놓고 키울 텐데 오늘도 헛수고였다.

전에도 이런 일이 있을 때는 한 마리 였지만 일주일이 걸렸었다. 이번엔 며칠이 걸릴지 모르겠다. 다시 한 번 눈을 예리하게 뜨고 넓은 풀 속에다 외쳤다. "이놈들 내 눈에 뛰면 각오해라!"

밤에라도 개들이 밖으로 나올 수 있게 하기위해 문을 열어놓았다. 나는 개 두 마리를 어떻게 처리할지는 아직 생각 안 했다. 안에서 몰아내는 것이 우선이기에…….

의지의 승자

세 가지의 암으로 투병하다 현대의학으로는 도저히 어렵다는 사형 선고를 받고, 더는 투병 생활을 하다가는 있는 집도 팔 수밖에 없고 결국은 사랑하는 자식과 마누라를 길에 내팽개칠 수밖에 없는 상황이기에 죽음을 각오하고 남은 식구들이나 나 때문에 더 고생시킬 수는 없다는 비장한 생각으로 텐트와 된장 하나만을 갖고 산에서 죽을 마음을 갖고 산으로 들어갔다는 사나이, 아무런 희망도 없고 자연의 힘에 0.1%의 희망을 걸고 산에서 나는 나물 만 먹었다는 그는 전문지식이 없기에 대충 아는 상식으로 산에서 나는 먹을 수

있다고 생각되는 산나물에 된장을 찍어 먹고 버티다시피 살았다는 자연인, 약초와 독초를 처음에는 구분을 못 하였기에 잘못 먹어 죽기 직전까지의 설사도 몇 번 했다는 그, 이상 하게 죽지 않으니까 그렇게 눈물 나도록 그리웠었다는 자식의 생각에 고통스러웠었다는 그, 사람의 향이 미치도록 그리웠다는 말을 들으면서 죽음을 눈앞에 두고 아무도 곁에 없는 외로움에~ 한없는 인간적인 절망감에 쌓여. 산속에서 홀로 울었을 그의 심정을 그의 눈을 통해 느낄 수 있었다.

생각해 봐라! 난치병으로 죽음을 코앞에 둔 사나이가 자신 때문에 가족 전체를 망하게 할 수 없어 죽기를 생각하고 산으로 가 생활할 때의 절망감은 그 당사자 아니고 그 아픔을 누가 아리오!

산에서 생활이 십 년이 되어 간다는 그는 이제는 건강을 되찾아 책을 통해서 약초에 대해 깊이 알게 되었고, 주변에 건강이 안 좋은 사람에게 도움을 줄 정도가 되었고 주변에 일도 도울 정도의 건강이며 현재 거주하고 있는 하우스며 넓은 약초의 밭도 다 자신 혼자의 힘으로 재배한다는 자연인, 그의 눈에는 건강이 넘친다. 내가 사가지고 간 막걸리로 한잔했다.

가지고 가셔서 음식에 넣어 먹고 일부는 차를 끓여 먹으면 좋다고 각종 약초를 자상하게 설명해주며 준다.

비 내리던 백운산 자락, 굳은 각오로 자신을 이긴 의지의 사나이, 자신의 목숨을 의지로 가슴 떨리는 각오를 하고 이긴 의지의 승자에게 감탄과 존경을 표한다. 그리고 말한다.

당신은 정말로 "의지의 승자"라고.

6월의 첫 월요일에

6월의 첫 월요일이다.

농장의 초목에 꼭 필요한 단비가 오늘 내린다는 일기 예보이다. 하늘이 회색으로 찌푸려있다.

비가 조만간 내릴 것 같다. 메마른 대지에 내리는 축복의 하나다. 나도 많은 인간 중의 한 사람으로서 어느 한 사람에게 라도 단비 같은 사람으로 살아갈 준비가 되어있나? 하고 자신에게 물어본다.

나로인해 되도록 많은 사람이 즐거워할 수 있는 그러한 그릇으로 나를 만들어 감은 삶의 또 하나의 재미가 아닌가! 나도 좋고 너도 좋음은 인간관계의 기본원칙이 아닌가?

오늘은 일단 나의 일에 보람을 느끼려고 농장을 출발하여 대전 경유 서울로 가 일을 보고 고속도로 주변의 자연 소풍 온 듯한 기분으로 즐기고 싶다.

사람은

사람도 가꾸어야 한다.

꽃도 아름다운 꽃을 보려면 가꾸어야 한다. 나무도 가꾸어야 잘 자란다. 아무런 보살핌도 없이 자연 속에 우뚝 서 있는 나무가 얼마 되나? 과일을 얻으려면 그 나무에 많은 땀과 노력이 있어야 과일을 맛볼 수 있다.

우리 인생에 노력하기 싫어 땀 흘리기 싫어 포기 한 일이 어디 한두 가지인가! 인생의 쓴맛, 단맛을 많이 보았기에 남에게 인생의 길을 한 두 마디 정도 훈수할수 있는 나이지만 지금도 무엇에 땀을, 무엇에 온갖 노력을, 무엇을 강하게, 무엇을 약하게, 밀고 당겨야 하는가를 망설여지는 순간이 많다.

그리고 진정한 사랑이 무엇인지 모를 때도 잦다. 많은 것에 대한 사랑을 사람이란 완전한 존재가 아니므로 시간을 통해 무엇인가를 갈고 닦으며 반걸음이라도 오늘보다 내일을 위해 나가야 하는 존재가 아닌가 한다.

애마의 사진을 보며

나의 농장의 거실에 걸려있는 승마를 즐기던 때의 모습이다. 가만히 소파에 기대앉아 말을 타고 강변과 산속을 누비고 달렸던 머지않았던 시간을 떠오려 본다. 사람을 겉과 안을 바꿀 수 있는 시간의 단위는 몇 달일까? 몇 년일까? 말을 타는 재미에

푹 빠져서 말을 키우고 훈련하고 사랑하던 말에 빠졌던 시간이 어제였건만 이제는 벽에 걸린 애마 꽃분이 사진을 보고 그때를 그리워하니…….

말에 대한 사랑이나 사랑하던 옛 여인을 그리워하는 것은 비슷하지만 말은 사진을 자랑스럽게 걸어놓고 옛날을 생각하고 말보다 사랑했던 그 여인의 사진은 자랑스럽게 걸 수도 없고 이미 잊혀진 생각나지 않은 여인처럼 주변에 이야기하고 이재는 흔적도 없는 바람처럼 사라진 양 표현하게 된다.

한 여인의 사랑이 한 마리의 애마보다 못 하단 말인가? 아니면 인간이기에 인간답게 살아야 하기에, 아니 과거는 가고 새로운 사람이 필요하기에 앞으로 살아가기 위해 과거의 무엇인가를 지우는 인간이기에 하는 하나의 노력이 아닐련지…….

햇살이 농장의 꽃과 나무에 비추는 아침, 거실에 앉아 자랑스럽게 걸려 있는 애마의 사진과 바람처럼 사라지고 잊혀 가는 옛 임의 모습을 겹쳐 보고 무엇인를 씁쓸해 한다.

아! 시간은 흐른다.

임수홍

월간 국보문학 · 주간 한국문학신문 발행인 겸 (사)대한민국 국보문학협회의 임수홍 회장을 만나서 나의 신간 '바람의 마음' 출판 계약을 했다.

새 책이 나오면 많은 판매를 위해 적극적인 홍보도 하기로 약정했다.

임 회장과는 각별한 사이로 지내고 있다.

몇 년 전에 책의 출판 관계로 그를 만나 몇 차례 술자리를 같이했다. 나도 그도 술을 아주 좋아하는 사람이기에 아차산 입구의 유명한 샤브샤브 식당에서 둘이 술 한잔을 마실 때였다. 나하고 술을 마시던 그가 나를 한참 보더니 일어나더니 무릎을 꿇고 인사를 하면서 "출판 과정에 책을 읽어 보고 그 자유로운 사상을 알게 되었고 몇 번 술자리에서 느끼는 인품에 반해서 앞으로 형님으로 모시랍니다. 형님!" 한다.

그 뒤로 나를 형님으로 깍듯이 모신다.

사람으로 태어나 마음에 맞는 사람을 알아보고 그 사람과 친분을 쌓아가며 살아간다는 것은 인간적인 보람이 아닌가, 공휴일도 없이 일 년에 1월 1일 하루만 쉬고 오로지 일만 하고 취미는 술 마시는 것이 유일한 취미인 그, 날이 갈수록 배가 많이 나오는 그에게 술 좀 줄이고 건강을 돌보라 하니 "형님, 난 술을 즐겁게 먹고 술 먹는 것이 유일한 낙입니다. 혹시 내가 형님보다 일찍 죽으면 일 년에 한번은 형님이 내 무덤에 찾아와 술이나 한잔 따라 주세요!" 한다. 서로 웃으며 무덤가에 술 한잔 따라 주기로 약속했다.

어쨌든 일만 아는 저돌적인 돈키호테 같은 전진의 사나이.

그에게 건강과 신의 보살핌 각별하기를 바란다.

인생은 70까지만 했다
나에게 혼난 사나이

후배가 운영하는 식당 앞을 지나다가 오래전부터 아는 친구를 만났다. 이 친구는 산을 좋아하고 큰 산악회 회장이고 등산용품 판매장을 하고 있다.

우리를 본 후배가 딴 곳에서 술을 했기에 아무것도 필요 없다는 우리에게 "내 식당 앞을 지나는 형님들 보고 음료수라도 대접 못 하게 하면 나를 무시하는 처사요!" 하며 재빠르게 음료수를 내온다.

오랜만에 만났기에 이 이야기 저 이야기를 나누었다. 이야기를 나누다 건강은? 하고 물으니 "나는 70살 까지만 살 생각이라 막 먹고 마시고 즐기며 사네" 한다. 깜짝 놀라 내가 말했다.

우리 윗대 분들이 7~80을 살면 장수했다 했지만, 요즘은 누구나 90은 사는 세상인데 이런 세상에 70살 까지만 산다고 하면서 지나면 삶이 어떻게 되나? 당신 앞으로 10년 미만이면 70살 아닌가? 이 사람 큰일 날 사람이네. 200살은 바라보고 살아야 에누리 해도 100살이요.

그 백 살이라도 질 좋게 건강하게 사는 것 아닌가? 앞으로 누가 기대 수명은? 하고 물으면 나? 이백 살 이여! 하고 대답해라.

사업이 아무리 어렵고 좀 힘들어도 우리 건강하게 100살은 살다 가야 하는 것 아닌가? 하니 수긍하는 눈치다.

살다 보면 누구나 어려움은 올 수 있다. 그 고난을 어떡하던 넘기고 씩 웃으며 천천히 건강하게 가는 것이 인생 아닐까?

70살 까지만 산다 하다 나에게 혼난 이 친구 이젠 남에게 자신 있게 "나 200살까지 살 거야!"라며 말하고 다니길 바란다.

휴게소의 만남

만날 사람이 있기에 가는 길에 고속도로 휴게소에서 보자 했다. 가는 길에 휴게소가 맞 닿는 곳이 있기에, 우리는 누구 인가를 만나고 또 누구와 헤여지는 과정을 되 풀이 하며 산다.

스치고 지나는 인연도 있고 헤어짐이나 기쁨 만남이나 바람처럼 스치면서 만났지만 시간이 흐르면 생각도 나지 않는 만남도 있다.

헤어지기 아쉬운 만남도 있지만, 만나지 않았더라면 하는 만남도 있다. 많은 만남속에서 상처도 받았었고 나 역시 본의가 아니게 상대에게 상처를 준 사람도 많을 것이다 라고 생각한다.

하지만 새로운 사람과의 만남은 많은 셀레임을 준다.

남자와 여자의 단순한 만남이나 어떤 목적을 지닌 만남이더라도 새로운 만남은 또 새로운 운명의 길을 살아가는 사람과의 만남이기에 나이를 먹을수록 사람끼리의 만남의 소중함을 알기에 더 소중해 진다. 진정으로 사람을 변화할수 있음은 어떤 인연의 만남에 의해서 달라짐을 본다.

오늘의 인연도 나와 그에게 어떤 바람의 인연일까 생각해 본다.

귓가를 스치는 가벼운 바람일까?

부드러움으로 마음을 움직이는 바람일까?

나를 날려 버릴 정도의 태풍의 인연일까?

생각하면서도 편한 마음을 차를 마시며 기다려 본다.

김해

고대 가락국의 수도요, 김수로왕과 인도에서 온 허황후의 사랑의 이야기가 있는 곳. 가장 서민적이었던 노무현 대통령이 퇴임 후 기득권들의 힘에 의해 결국 봉화마을의 부엉이 바위에서 바람에

날리는 꽃이 되어버린 곳.

하나의 인간으로써 절대 배신 받아서는 안되는 상대에게 배신을 받은 곳이 김해다.

깊은 상처는 경우에 따라서 먼 시야로 보면 삶에 큰 훈장이나 명예로움이 될 수 있다. 노무현 전 대통령도 부엉이 바위에서 날린 꽃이 되었기에 그의 자존심을 건졌고 결코 불의의 힘에 타협치 않는 민주적인 상징으로 나마 국민의 마음에 영원히 타 오르리라.

작지만 나역시 결코 꿈꾸기 싫은 배신의 상처를 받았기에 내 인생이 예전 보다는 겸손과 겸허의 삶을 살아간다.

아프지만 인간의 내면을 성장시킬 수 있는 상처가 많은 인간으로서 깊이를 주었지만 인간으로서 다시는 그런 상처를 받고 싶지 않고 절대로 그런 인연은 만나고 싶지 않다.

아픔과 명예를 준 김해.

결코 잊을 수 없는 곳이다.

푸르른 들녘

편한 복장으로 들판을 거닐어 본다. 양파를 캐고 그 논에 다시 벼를 심었다. 논을 알맞은 계획으로 이모작을 하고 있다.

사람의 삶도 적당한 계획과 관리를 한다면 저 논처럼 이모작을 할 수 있지 않을까? 생각해본다.

여러 부분에서 일하다 은퇴를 한 친구들 대분분이 일모작의 인생을 끝내고 이모작의 인생의 시작에서 대부분 위험을 피해 돈이 들어가지 않는 취미 살리기나, 가까운 곳이나 먼곳의 외국 여행으로 삶의 대부분을 노후의 생활의 안전관리를 택하고 생활한다.

물론 젊음이 지난 나이라 괜한 모험으로 은퇴 후의 생활을 비참히 보내느니 안전한 관리로 알뜰히 쓰면서 좀 편안하고 안락한 노후를 꿈꾸고 있는 것이 현실이다.

나처럼 '노는 것이 일하는 것이요. 일하는 것 또한 노는 것이다' 라는 생각으로 살아온 사람은 진정으로 논다는 의미를 모르는 것 같다.

대신 모든 시간의 흐름을 노는 것이고 즐기는 것이요.

소풍나온 듯 한 기분으로 살다 감을 생활로 여기는 동전처럼 좋고 그름의 양면성을 갖고 있는 것 같다.

잘 놀고 생활하는 친구들을 보면서 사람이란 크던 작던 남과는 다른 생활을 하는 것, 자기의 생활을 좋아하고 만족하며 노력하는 삶의 시간이라면 좀 잘 살면 어떻고 좀 못 살면 어떠한가.

피할 수 없는 인생의 문제라면 모든 논이나 밭의 작물들이 자연을 탓하지 않고 조용히 피었다 지듯이 어떠한 바람이나 문제가 오더라도 흐들갑 덜 떨고 속은 좀 짠하더라도 구름에 달 가듯, 나무잎 바람에 살랑거리듯, 개울가에 맑은 물 흐르듯, 귓가에 부드러운 바람 살랑거리고 스쳐감을 즐기며, 사람을 알고, 자연을 알며 살아감도 나쁘지 않은 인생이다, 생각하면서 입가에 미소 띄어가며 어두어져 가는 들녁을 걸어본다.

강아지는 나를 좋아한다

농장 밖의 일을 바쁘게 소화하다 보니 농장의 모든 일이 소홀해져 있다. 입구에 나무가 크게 자라 시야를 막는 부분이 있기에 긴 낫을 들고 나가니 강아지가 나를 따라오더니 나무에 낫을 휘둘르는 내 곁을 떠나지 않고 일하는 데 방해가 될 정도로 곁에 붙어 다닌다.

나는 내가 키우는 개들에게 최대한의 자유를 준다.

일정한 장소에 먹이만 주는것을 원칙으로 하며, 강아지들을 크게 쓰담아 줄 정도의 시간이 적기에 강아지들 하고 접촉은 적은 편이다. 하기에 가출해서 왔다 갔다 하는 강아지도 몇 마리 있다.

강아지에게 먹이를 잘 주는 가든 식당이 마음에 드는 강아지들은 이곳과 저곳 자유롭게 다니다 마음에 드는 곳에서 살 수 있는 자유도 준다. 그곳에서 잘먹고 지내다 간혹 찾아와 '멍멍' 한번 짖고 가기도 한다. 그래도 충성파 몇은 죽으나 사나 충성을 다하니 이렇게 좋으나 나쁘나 나에게 충성을 다하는 인물 몇몇은 내 옆에 있어야 하는데 그런 사람이 있냐고 누군가가 물으면 나는 자신있게 대답을 아직 하지 못한다.

하지만 농장의 강아지 몇은 확실히 나를 좋아하는 것 같다.

설렁탕

오늘은 바람이 서울로 불어 서울에 있다. 점심으로 설렁탕을 먹었다. 요즘 우리나라가 많이 좁아진 것 같다.

예전에는 서울과 지방의 차이가 많이 났으나 요즘은 서울에 있는 것 지방에 다 있고, 옛날에는 지방에만 있는 것들이 서울에 다 있다.

설렁탕 식당도 서울에도 있고 지방에도 있건만 서울의 설렁탕이 맛이 더 있는것 같다. 멋있는 제복을 입고 설렁탕을 가져다 주어 맛있는가? 아니면 같이 먹는 사람이 좋아 맛있는가?

답은 '배 고파서 먹으니 맛있어라'이다. 아침을 안먹고 점심 겸 먹으니 더욱 맛있다. 똑같은 설렁탕도 배 고프니 맛있는 법, 인간관계도 가려운데 긁어 줘야 고맙지, 싫다는 사람 손잡아 주다 뺨 맞기 쉬운 법이다.

저녁에 술 한잔 하기로 했는데 설렁탕은 내가 샀으니 저녁에 술은 그 보고 사라 할까나! 그래도 좀 아쉬운 일 부탁을 해야하는데 목 마른 놈이 샘 판다고 내가 살까?

그래도 내가 한살이라도 더 먹었고 마음의 여유도 내가 더 있으니 저녁에 내가 술 한잔 살까한다. 서울의 밤 하늘 아래 한잔 할까한다.

좌우간 이래저래 내가 술은 잘 사는 편이다.

누구 나하고 술 한잔 하고픈 분 없소이까!

내 한잔 사리다.

인연 2

농장에서 움직이지 않고 일주일을 보냈다.

손님도, 지인도 부르지도, 초대치 않고 별 생각 없이 일주일을 보냈다.

나무도 도끼로 패고, 굴착기로 산길도 넓히고, 간혹 반주에 맞춰 노래도 하고, 닭 · 오리 · 거위에 먹이도 주고, 연못의 잉어에 먹이도 주고, 개들과 산책도 하고…….

하늘을 보고, 흰 구름도 보며 멍하니 여러 생각도 하고 나하고 연결되었던 좋고 나빴던 인연도 생각해 보았다.

나무 난로를 피워놓고 그 따뜻함도 즐긴다. 사람끼리 어울려 사는 맛도 좋지만 간혹 이렇게 홀로 일주일 이상의 시간을 갖는다는 것은 자신은 객관적으로 보고 현실도 지금까지의 흐름도 되돌아 볼 수 있기에 좋은 것 같다.

누구의 간섭도 없이 마음껏 자고 싶으면 자고, 움직이고 싶으면 움직이고, 걷고 싶으면 걷고, 웃고 싶으면 웃고, 사색에 젖고 싶으면 젖는다.

먹고 싶으면 라면이라도 끓여 먹고, 그것도 귀찮으면 10~20분 거리에 있는 식당에 가서 먹고 싶은 음식 사 먹고, 요즘 시골 읍내까지 진출해있는 엔젤리너스 커피점에 가서 좋아하는 아메리카노를 한잔 마시고 온다.

아무리 이리 편해도 혼자라는 것은 외롭다.

허나 외롭다고 아무 인연이나 마음이 오고 갈 수 없는 상대와 있기보다는 혼자의 시간이 더 편할 수 있는 것이 아닌가 싶다.

박부도김 단편소설

"천년교 사랑"

천 년 전의 신라 때, 이곳 함양이 현감이었던 최이현이 매년 여름의 장마철에 백운산에서 직접 내려오는 물로 백성들의 피해가 해마다 막중함으로 나무를 심어 그 해를 없앴다는 빽빽히 들어찬 나무들이 숲속에 들어가면 여름에도 어둑할 정도의 울창한 숲과 활짝 핀 연꽃이 아름다운 넓은 연꽃의 정원이 30분을 걸으면서 보아도 될 정도의 넓이로 형성되어 있고, 그 옆에는 전혀 오염이 안 된 맑은 물이 산바람 타고 흐르는 강물이 조용히 흐르고 있는 강 위에 몇 개의 다리가 놓여 있는데 그 중 하나의 다리로 향하고 있다.

내가 향하고 있는 다리는 밤에 다리에 설치해 놓은 불빛이 들어오면 환상적으로 아름다운 다리라고 감탄할 정도의 아름다운 다리다. 그 다리를 4개월 만에 뛰는 가슴 달래며 지팡이를 집은 손에 힘을 주며 억지로 천천히 가고 있다.

아직은 불편한 몇 달은 지팡이를 집고 생활하면 자연스럽게 지팡이 없이 생활이 되면 그게 완치다 라는 판정을 받았다. 두 달을 별로 먹지 못하고 걷지 못하고 침대에 묶여 지낸 결과였다.

해가 졌어도 아직 밝음이 남아있는 아름다운 자연의 풍경이었으나 억제해도 뛰는 가슴의 설레 임은 천년교가 눈에 들어오자 더 뛰어 심장의 소리를 내 자신이 북소리처럼 귓가에 들려옴을 느낄 수 있었다.

많은 추억이 있는 '천년교'

제2 인생의 출발 천년교 아래 쌓이고 있을 내 사랑! 천년교의 난간을 어루만지며 속으로 "제발 있어다오!" 외치며 천년교를 넘어 뛰고자 하는 마음을 자꾸만 억누르고 다리를 건너 그녀와 내가 강 옆에 예전에 쌓고 있었던 돌탑이 보이는 곳으로 내려갔다.

조그마한 돌탑이 보이자 순간 눈을 감고 걸음을 멈추었다. 일 년 전의 여러 사연이 주마등 흐르듯이 지나간다. 젊은 날에 사랑인 줄 알고 만나 결혼까지 하고 살았던 여인하고 너무 다른 전혀 마음이 합쳐질 수 없던 이유로 20여 년을 자식도 없이 반은 떨어져 생활하며 방황을 하다가 결국 이혼을 하게 되었고, 그 심리적 쇼크 때문에 여러 가지 인간적인 갈등으로 일어나는 마음의 갈등을 술과 독서로 달래며 시간을 보내는 중 건설회사의 간부인 나는 88고속도로 확장 공사의 현장에 감사 책임을 갖고 근무하기로 하고 함양에 숙소를 마련하고 지냈다.

몇 년 후 은퇴를 하면 꿈꾸고 있는 시골의 농장 생활의 시작으로 알며 생활했고, 지리산 줄기인 함양의 맑은 공기를 마시며 퇴근 후에는 되도록 식사 후 상림공원을 어느 때는 천천히, 어느 때는 빨리 걸으며 마음을 다스렸다.

작년 초 봄바람이 싸늘히 부는 어느 날, 공원에 설치해 놓은 가로등 아래 부지런히 걷던 중 운동하는 사람도 적어 몇 사람 걷는 사람 만 눈에 보이는데, 한 50미터 앞을 걷던 한 여인이 돌부리에 걸려 넘어진다. 바로 일어날 줄 알았는데 못 일어나고 있다. 주변을 돌아다 보니 가까운 곳에 사람은 나 밖에 없다. 부지런히 뛰어가 누워 있는 여인을 부축했다. 등산복을 입은 한 오십에 가까운 여인의 모습이었다.

“다쳤습니까? 119 라도 불러 드릴까요?”

“아뇨, 무엇에 걸려 넘어졌는데, 잠시 어지러워서 그만… 괜찮아요!”

어디서 들은 듯한 부드러운 목소리였다. 그 순간 나는 공원 앞에 있는 따뜻하고 널찍하며 분위기 좋은 제조업체 커피점이 떠올랐다. 가볍게 그녀를 부축하며

“좀 어지러운 것 같습니다. 이 바로 앞에 커피 파는 곳이 있는데 내가 한잔 살 터이니 잠시 안정을 취하고 가십시오”

나를 잠시 뻔히 보더니 눈길을 돌리고 “예~”한다.

커피 가게 안에서의 그녀 평범했지만 예쁘면서 눈빛에 어딘지 모를 슬픔이 있는듯한 부드러운 목소리의 여인이었다. 군청의 민원실에 근무한단다. 일주일에 5번 정도는 이 시간대에 나와 한 시간 정도 이 공원을 돌면서 운동을 한단다. 나보고 ‘이곳 분이 아닌 것 같은데’ 하고 물어 일하는 현장의 소개와 나 역시 술자리나 업무가 없으면 일주일에 3번 정도 운동을 한다고 말하며 이 여인이 운동하는 시간대에 나의

운동 시간대를 맞추어야지 생각했다.

"감사합니다. 담에 운동하다 뵈면 차 대접 할게요." 한다. 이렇게 우리의 만남은 자연스럽게 이루어졌다. 간혹 만나 같이 걷고 운동이 끝나면 차나 가볍게 저녁과 술도 했다.

그녀의 이름이 '이숙희' 딸이 하나 있는데 서울에서 결혼했고 사위도 딸도 전문직에 종사하고 있단다. 몇 년 전에 남편을 급성 간암으로 판정 받은지 몇 개월 만에 보낸 여인이라 했다. 좀 슬픈 눈빛으로 아직은 그 옛사랑이 조금은 남은 것 같고, 이곳은 시골이라 떳떳이 이성을 만날 수도 없어 여러 복잡한 사연으로 재혼은 꿈도 안 꾸어 보았고, 남자 친구도 생각하지 않았단다. 이렇게 인연이 되어 간혹 차라도 마실 수 있음에 감사한단다. 시간이 갈수록 그녀가 좋아졌다.

그녀도 나를 좋아하는 것 같다. 우리 둘이면 만나 꼭 천년교를 걸었다. 걸으면서 그녀에게 말했다.

"이렇게 많은 상처가 되었던 시간을 보낸 우리는 적어도 천 년을 사랑하고 떨어져 있으면 서로 천 년을 그리워할 정도가 되는 사랑을 하는거다. 기본이 천 년이다." 그녀도 힘차게 고개를 끄떡였다.

"이 천년교의 이름처럼 우리 사랑은 천년이다! 하하하"라며 천년교를 지날 때마다 '천년교! 천년교!' 하며 마주 보고 웃으며 걸었고 천년교 다리 아래 넓은 곳에 가서 강 주변의 흔한 돌을 주워 모아 우리가 같이 살기 전까지 이곳에 올 때마다 돌을 한개 내지 두개 정도만으로 돌탑을 하나 쌓아가기로 했다.

일 년의 세월이 흘러갔다.

회사에서 갑작스럽게 베트남 출장을 한 달 다녀오란다. 나의 역량이 필요한 전문 분야이기에 그녀에게 빠르면 한 달, 늦으면 두 달의 출장임을 알리고 이번 출장이 끝나면 회사에 조기 퇴직을 하고 고향에 농장을 하려고 하는 계획과 그때에는 꼭 그녀와의 새로운 생활에 대한 계획을 만들어 값진 인생의 후반 계획을 세우자고 이야기했다. 그녀도 주변의 시선이 싫다 해도 자꾸만 그녀를 귀찮게 하는 군청의 혼자 사는 과장의 접촉에 출장 후 빠른 나의 행동을 요구했다.

외국으로 출장을 떠나면서 자주 연락 못 하더라도 우리의 언약의 징표인 천년교를 꼭 걷고 다리 아랫부분의 사랑의 돌탑에 일주일에 몇 번은 한두 개의 돌을 쌓아 달라 했다. 항상 천년교와 돌탑을 그리며 출장을 끝내고 그녀와 손을 맞잡고 천년교와 돌탑 앞에서 다시 새롭게 사랑의 천 년 약속을 하고 싶었다.

베트남 출장이 끝날 즈음 필리핀 마닐라 지점의 지점장 교체에 반대하는 현지 직원의 소리를 들어보라는 본사의 지시를 받고 필리핀으로 향했다.

마닐라의 박 지점장은 대학의 후배로 술을 좋아하는 호탕한 기질을 가진 사람인데 이번 자금의 부정 유출이 발각되었지만 그동안의 필리핀에서의 막대한 공헌이 인정되어 사법적인 책임은 묻지 않고 조용히 퇴출하는 방침을 정했으나 오랜 세월 그에게 충성을 다 하는 현지의 직원들의 심한 반대에 부딪혀 회사는 고심했다.

현지인들을 철저한게 충성인으로 만든 그의 능력에 회사의 간부들은 우려 반, 존경 반의 심경을 표현했다. 많은 현장에서의 문제를 해결한 나를 '불만의 해결사'로 보낸 것이다. 마닐라 지사와 연결이 되어 지사장의 전용기사가 공항으로 마중 나오기로 했다.

마닐라 공항에 도착하자 미국계 혼혈아인 몇 번 본적이 있는 덩치가 크고 어딘지 미국 배우 숀코내리를 닮은 듯한 기사가 영접한다. 승용차를 타자마자 눈을 감았다. 여행의 피로와 마닐라 지점 직원들의 면담을 생각했다. 졸음이 밀려왔다. 잠을 좀 잔 것 같았다. 차가 멈춘 것 같았다. 차 문이 열렸다. 내리면서 보니 지점이 아니고 한적한 어느 아파트 앞이었다. 기사가 무엇인가를 윗옷 포켓에서 보이며 차분히 이야기한다.

"박 씨, 이건 총이요, 그대를 죽이려는 것은 아니나 도망을 가거나 소리를 친다면 부득이 당신을 죽이겠소" 라고 말한다. '납치되었구나' 하는 생각이 뇌리를 스치며 사람을 과감하고 잔인하게 죽이는 필리핀인들의 성질을 떠올리며 이 기사는 능히 그럴 수 있는 냉혹한 조직원 같은 냄새를 맡았다. 침착히 말했다.

"당신 말은 따르겠소~!" 조용히 앞장서란다. 가방을 들고 그가 가자는 아파트로 올라갔다.

올라가는 엘리베이터에서 사람들을 보았으나 무표정으로 뒤에 있는 그를 보고 내가 어떤 행동을 하면 꼭 과감하게 나를 쏠 것이라는 느낌이 들어 아무런 행동도 못 했다.

아파트는 기사의 봉급으로는 구할 수 없을 만큼 넓었다. 필리핀 지점장의 기사이면서 실질적으로는 부지점장의 권위와 실권을 지녔으며 대형 건설의 수주에 영향력을 행사하며 지방의 공사 시에 지방의 이슬람 반군 조직과의 타협이나 폭력 조직과의 사이나 지방 경찰과의 관계에도 막강한 힘과 능력을 발휘한다는 이야기가 생각났다. 그가 조용하게 이야기했다.

본사에서 지점장을 인사이동시키며 자신에게는 아무런 이야기나 그동안의 공적의 사례나 뒷일에 대한 보장이 없기에 당신을 인질로 잡고 회사와 협상할 것이다. 나는 그에게 이것은 돌이킬 수 없는 범죄 행위다. 나하고 지사에 가면 오늘의 행위는 불문에 부치고 그동안의 당신의 공적이나 보상할 부분을 당신을 대신해 내가 해결할 테니 선택을 잘해라 해도 '이미 늦었다' 하며 화장실에 가서 10분을 줄 테니 볼일을 보고 나오란다.

화장실에서 나오자 미리 준비해 놓은 듯, 텔레비전 앞 침대에 나를 기대 비스듬히 누운 자세를 갖추라 하더니 양팔을 침대 모서리에 쇠고랑을 채우고 입을 테이프로 돌려 막고 텔레비전을 켜 소리를 크게 한다. 한번이 아닌 듯 프로의 냄새가 난다.

허튼 행동은 자제하기로 했다. 그가 회사와 협상을 잘해 무사히 풀려나기를 기대할 도리밖에 없었다. 살려면 경거망동을 하지 말라는 강력한 경고를 남기고 그가 나갔다. 텔레비전 소리만 들리는 묘한 정적이 흘렀다. 회사일 아무 것도 생각나지 않았다.

함양의 맑고 시원한 바람과 맑은 물, 천년교와 그녀와 같이 쌓고 있었던 강가의 작은 돌탑의 모습이 갑자기 그려지고 수십 년 된 이야기인양 멀어지면서 그리워졌다. 이렇게 인질로 잡혀있는 나를 보면 그녀는 어떤 표정이 될까? 너무 그녀가 그리워졌다.

얼마나 시간이 흘렀는지 모르지만 그가 와있었다. 테이프와 수갑을 풀어주고 준비해온 음식과 물을 먹으란다. 의자에 앉아 나를 보고 있는 그 앞에서 햄버거와 콜라를 먹었다. 화장실에 갔다 오란다.

화장실에서 나오자 다시 쇠고랑을 채우고 입을 막고 이번에는 검은 봉투를 머리를 덮어 버린다. 깜깜했다. 시간이 어떻게 흐르나 몰랐다. 이틀이나 삼일 만에 햄버거나 피자 그리고 물을 주고 화장실에 보내고 다시 검은 봉투를 씌우고……. 시간이 지나자 정신이 점점 혼미해졌다.

생각나는 것은 그녀와 함양의 상림공원, 천년교와 주변의 자연 그리고 나중에는 그녀의 머리카락 하나도 머리로 그릴 수 있었고 시원하게 그녀를 스쳤던 바람의 흔들림까지도 그렸다.

점점 시간이 갈수록 그러한 모습이 머리에 꽉 차올랐다. 한 달이 흘렀는지 두 달이 흘렀는지 감각이 없어졌다. 한달은 넘은 것 같았다. 모든 생각은 지워지고 그녀의 웃는 모습과 천년교의 아름다운 불빛과 푸르름만이 머리를 꽉 차 어떤 생각도 잊었다.

내가 인질로 잡혀있는 사실도 실감 나지 않았다. 정신이 혼미해졌다. 편안한 잠이 오는 것 같았다. 모처럼 잘 잤다. 갑자기 봉투가 확 벗겨진다. 눈이 부셨다. 필리핀 경찰의 모습과 웬 양복을 입은 모습이 밝으면서 강렬한 불빛에 희미하게 보인다. 그들이 뭐라고 이야기한다. 양복의 사나이가 이야기하는 것 같았다.

"선생님 살았습니다, 대사관 직원입니다, 선생님을 인질로 잡고 거액을 요구하던 납치범은 돈의 전달 과정에서 사살되었고 필리핀 경찰의 요청으로 선생님을 인도하려고 왔습니다." 라는 소리를 다 못 듣고 나는 잠에 빠져들었다. 정신적인 공황 상태에서 어떻게 국내에 들어왔는지도 몰랐다.

누군가가 귓전으로 이야기해주던 "두 달간 잘 버티었네!" 하는 소리만 귀에 남았다. 병원에서 한 달간 요양과 정신적 치료를 받았다.

매스컴에서 요구하는 인터뷰도 완강이 거절했고 누구에게도 연락하지 않았다. 오로지 빨리 함양의 천년교에 가고 싶었다.

퇴원해도 좋다는 의사의 이야기를 듣고 승용차에 몸을 싣고 함양을 향했다. 갓 부화가 된 새끼 거북이가 물 냄새 나는 바다로 향하는 본능처럼 그녀가 어떻게 4달을 보냈을지 생각도 안 되었다. 오로지 머리에 꽉 차있는 천년교와 사랑의 탑과 시원한 바람 그리고 그녀가 미치도록 보고 싶었다. 눈을 떴다. 눈앞에 커다란 돌탑이 보였다.

어떤 여인이 부지런히 탑에 돌을 올리고 있었다. 눈물이 흘렀다. 그녀를 부르려고 입을 열었다. 입에서 소리가 나오지 않는다. 눈물이 주르르 흘러 발 위에 떨어지는 것 같았다. 입에서 짐승의 신음이 나온다. 울음이 가슴 깊은 곳에서 나온다. 짐승의 신음 같은 울음소리에 인기척에 깜짝 놀란 그녀가 날 본다.

천천히 날 보더니 나를 알아보고 그녀 역시 짐승의 절규 같은 소리를 내며 달려와서 내 품에 안긴다.

나는 지팡이를 멀리 던지고 그녀를 안았다. 그리고 모든 서러움을 그리움을 떨쳐 버리는 양…….

그녀를 안고 울었다. 울음을 멈출 수가 없었다. 부둥켜 안고 원인 모를 서러움과 천 년 만에 맞보는 반가움에 울었다.

조용히 찾아온 어둠이 천년교의 불빛 아래 우는 우리를 감싼다.

"아! 천년교여! 내 사랑 천 년이여!"